C.H.BECK WISSEN

Bis ins 20. Jahrhundert hinein spielte Europa für das Leben der meisten Menschen kaum eine Rolle. Und auch nach 1945 konkurrierte zunächst eine Vielzahl von Institutionen miteinander. Es war keineswegs von vornherein klar, dass sich die EG, aus der später die EU wurde, in diesem Geflecht durchsetzen würde, so dass sie heute gelegentlich als Synonym für Europa gilt. Kiran Klaus Patel zeichnet nach, wie es dazu kam. Dabei wird deutlich, wie sehr europäische Integration immer schon im Krisenmodus funktionierte. Die Zeiten großer Krisen waren auch die Zeiten großer Fortschritte. Daran hat sich bis heute nichts geändert, auch wenn aus dem Freiheitsprojekt EU zunehmend ein Sicherungsprojekt wird.

*Kiran Klaus Patel* ist Professor für Europäische Geschichte an der Ludwig-Maximilians-Universität München. Bei C.H.Beck ist von ihm erschienen: *Projekt Europa. Eine kritische Geschichte* (2018).

Kiran Klaus Patel

# EUROPÄISCHE INTEGRATION

*Geschichte und Gegenwart*

C.H.Beck

Originalausgabe

www.chbeck.de
Satz: C.H.Beck.Media.Solutions, Nördlingen
Druck und Bindung: Druckerei C.H.Beck, Nördlingen
Reihengestaltung Umschlag: Uwe Göbel (Original 1995, mit Logo),
Marion Blomeyer (Überarbeitung 2018)
Umschlagabbildung: © shutterstock/Dragun 3d
Printed in Germany
ISBN 978 3 406 78496 5

klimaneutral produziert
www.chbeck.de/nachhaltig

# Inhalt

# I. 2500 Jahre und fünf Minuten

## *1. Europa ohne Europa*

Die europäische Integration hat viele Ursprünge und reicht weniger weit zurück, als man oft meint. Europa spielte als Begriff und Idee im Leben der meisten Menschen bis ins 20. Jahrhundert hinein keine große Rolle. Das mag überraschen, geht der Begriff selbst doch bis in die Antike zurück. In der griechischen Mythologie bezieht er sich auf eine phönizische Königstochter, die Zeus als Stier verwandelt nach Kreta entführt. Zugleich hatte das Wort eine geographische Bedeutungsebene: Wenn beispielsweise der griechische Schriftsteller Herodot im 5. Jahrhundert vor Christus von Europa sprach, meinte er den Kontinent, auf dem er selbst lebte. Er unterstrich damit den zivilisatorischen Unterschied zu den Persern, dem übermächtigen Feind des damaligen Griechenlands. Herodot hielt Europa für größer als Asien und Afrika, die beiden anderen ihm bekannten Kontinente, wiewohl er nur in Bezug auf Griechenland und das südliche Italien über konkrete geographische Kenntnisse verfügte. In der römischen Antike blieb der Europa-Begriff nachrangig, und Ähnliches gilt für die Zeit bis zum Spätmittelalter.

Erst seit dem 12. und 13. Jahrhundert tauchte das Wort Europa in verschiedenen europäischen Sprachen vermehrt auf. Gehäuft findet man es in Phasen der Krise, etwa den Kreuzzügen oder angesichts der osmanischen Expansion. Seitdem schrieb man gelegentlich über Frieden durch Föderation in Europa. Häufig wird das Spätmittelalter als der ideengeschichtliche Ausgangspunkt europäischer Einigung gesehen, und tatsächlich ließe sich eine ehrwürdige Ahnengalerie entsprechender Vordenker wie Dante Alighieri, dem Herzog von Sully oder Immanuel Kant präsentieren. Nur: Die längste Zeit blieben diese und ähnliche Vorstellungen randständig und wurden lediglich im erlesenen Kreis gesellschaftlicher Eliten diskutiert. Manche der entscheidenden

Texte gerieten außerdem für längere Phasen in Vergessenheit. William Penns Europaplan von 1693 zum Beispiel zirkulierte ursprünglich nur in kleinen Auflagen und sammelte dann für fast 200 Jahre Staub in den hinteren Bücherregalen weniger Bibliotheken, bevor er im 19. Jahrhundert wiederentdeckt wurde. Als Reflex auf die Entstehung der Nationalstaaten und ihrer Kriege diskutierten Intellektuelle in jener Zeit vermehrt die Idee, wie die Staaten des Kontinents friedlich koexistieren könnten und sich eventuell sogar gleichberechtigt zusammenschließen ließen. Denker wie Victor Hugo sowie Freiheitskämpfer wie der Italiener Giuseppe Mazzini und sein ungarischer Weggefährte Lajos Kossuth gaben dem Begriff Europa neuen Glanz. Für das Gros der Menschen blieben diese Debatten jedoch selbst im 19. Jahrhundert nachrangig.

Zugleich kannte die Geschichte des Kontinents schon immer grenzübergreifenden Austausch von Ideen, Gütern und Menschen. Das, was wir heute Europa nennen, bildet zumindest seit dem Mittelalter einen Raum besonderer Verdichtung, vereint durch Kooperation und Konkurrenz – durch die Suche nach Selbstständigkeit, aber auch durch gewaltsame und friedliche Einigungsversuche. Dieser Raum hatte keine klaren Grenzen. Zum Beispiel ist die scheinbar so harte, geographische Uralgrenze gen Osten eine Konvention aus dem 18. Jahrhundert. Mit ihr untermauerte Russland seinen Anspruch, zu den europäischen Großmachten zu gehören. Europas Ränder blieben stets unscharf. Und, ebenso wichtig: Ansätze zur Einigung umfassten immer nur gewisse Gebiete, nicht den ganzen Kontinent. Zugleich führte besonders der Kolonialismus dazu, dass Teile Europas engere Verbindungen zu außereuropäischen Gesellschaften hatten als zu anderen Gegenden des eigenen Kontinents. Europa ist deswegen kein vorgefundener Ort, sondern von Menschen gemacht – wobei die meisten Europäerinnen und Europäer die längste Zeit mit Europa nichts im Sinn hatten.

Erst angesichts der Erschütterungen des Ersten Weltkriegs begann die Idee europäischer Einigung langsam für breitere Kreise an Bedeutung zu gewinnen. Ins Zentrum rückten dabei Kooperaationsideen, die sich auf Politik und Wirtschaft bezogen. Stärker als je zuvor vernetzten sich diejenigen, die für nichthegemoniale Vorstellungen europäischer Zusammenarbeit eintraten, nunmehr über Grenzen hinweg. Die Mobilisierungspotentiale und Partizipationschancen wiesen jedoch weiterhin enge Grenzen auf: Europa blieb ein Projekt der Eliten. Das gilt etwa für die Paneuropa-Union des Grafen Richard von Coudenhove-Kalergi. Seine Organisation arbeitete in den 1920er Jahren einerseits mit modernen, massentauglichen Symbolen und trat mit dem Anspruch auf, breit zu mobilisieren. Tatsächlich aber interessierte sich der Graf in erster Linie für Kontakte zu den Eliten aus Adel, Politik und Wirtschaft, und die Zahl der Mitglieder seiner Organisation belief sich international lediglich auf wenige tausend Menschen. Auf Europa setzte weiterhin nur eine kleine Minderheit.

Auch die Bemühungen auf politischer Spitzenebene kamen in der Zwischenkriegszeit nicht sehr weit. Am 5. September 1929 schlug der französische Außenminister Aristide Briand eine Vereinigung Europas vor, mit einer Verständigung zwischen Frankreich und Deutschland als Kern. In Berlin wollte man davon wenig wissen – Außenminister Julius Curtius bemerkte zynisch, man werde Briands Vorschlag «ein Begräbnis erster Klasse» bescheren. Dabei war Curtius beileibe nicht der schlimmste Nationalist, den Deutschland damals zu bieten hatte. Im vergifteten politischen Klima der späten 1920er Jahre hatte der französische Vorstoß keine Chance, und das galt umso mehr, als wenige Wochen nach Briands Rede die Weltwirtschaftskrise ausbrach. Ökonomische Autarkie und aggressiver Nationalismus bestimmten fortan die internationale Politik Europas.

Das vorhandene proeuropäische Engagement, das auf Frieden und Versöhnung zielte, geriet so immer mehr an den Rand. Dagegen gelang es autoritären und rechtsextremen Bewegungen und Regimen, breite Bevölkerungsschichten zu mobilisieren. In manchen Ländern bedienten sie sich des Europabegriffs, wenngleich sie zumeist ihre eigene Nation über alles stellten. Sogar die Nationalsozialisten argumentierten phasenweise mit Europa – etwa wenn Reichsaußenminister Joachim von Ribbentrop im

November 1941 die «Schicksalsverbundenheit» Deutschlands und seiner Verbündeten im Kampf gegen die Sowjetunion als «ein leuchtendes Beispiel der bereits vorhandenen und ständig wachsenden sittlichen Einheit Europas» pries. Mit gleichberechtigter Kooperation hatte dies nichts zu tun. Es handelte sich vielmehr um ein recht durchschaubares Werben um Verbündete, das noch an Bedeutung gewann, als Deutschland im Kriegsverlauf immer mehr die Felle davonschwammen. Hitler selbst hielt davon wenig. Das Regime setzte letztlich auf eine Politik, die Antisemitismus und Rassismus, Überlegenheitsdenken und Krieg in den Vordergrund stellte, und die NS-Europapropaganda blieb erfolglos. Zugleich erklärt sie, warum proeuropäische Floskeln nach 1945, gerade wenn sie aus Deutschland kamen, in anderen Ländern manchmal böse Erinnerungen weckten.

Im Zweiten Weltkrieg wurden gleichwohl auch ganz andere Stimmen laut. Für manche, wie den Schriftsteller Stefan Zweig, war Europa ein nostalgischer Sehnsuchtsort. Die «eigentliche Heimat, die mein Herz sich erwählt, Europa, ist mir verloren», hielt er 1942 fest, zerstört durch die beiden Weltkriege. Zeitgleich formten sich innerhalb des Widerstands gegen Nationalsozialismus und Faschismus Gruppen, die über eine europäische Zukunft nachdachten. Für sie bildete Europa die Antwort auf die Krisen der zurückliegenden Jahrzehnte, in denen sich die bestehenden politischen Modelle delegitimiert hatten. Aktivisten wie der italienische Kommunist Altiero Spinelli hofften, die *tabula rasa* bei Kriegsende direkt für den Aufbau eines föderalen Europas jenseits der Nationalstaaten nutzen zu können. Europa blieb bis 1945 eine *mögliche* Zukunft – aber eine äußerst unwahrscheinliche.

## 2. Versuch und Irrtum

Am Anfang war also der Zweite Weltkrieg. Ohne ihn – ohne seine Zerstörungen, die Delegitimation übersteigerter Formen des Nationalismus, den Niedergang der europäischen Vormachtstellung in der Welt sowie die Furcht vor einer erneuten, von deutschem Boden ausgehenden Aggression – wäre europäischer

Zusammenschluss nicht vom Reich des Denkbaren ins Reich des politisch Möglichen gewandert.

Und trotzdem blieb dieser Weg steinig. Die Hoffnungen von Föderalisten wie Spinelli, direkt nach Kriegsende zu einem vereinten, föderal aufgebauten Europa zu gelangen, blieben unerfüllt. Der Wiederaufbau der Nationalstaaten dominierte die politische Agenda, denn die meisten Europäerinnen und Europäer schätzten angesichts von Faschismus, Krieg und dem zunehmenden Expansionsdrang des Stalinismus die Vorzüge nationaler Souveränität mehr noch als zuvor. Wenngleich Europa so ins nationalstaatliche Gehäuse zurückkehrte, handelte es sich um mehr als eine Rekonstruktion der bisherigen Form von Staatlichkeit: Die neuen politischen Ordnungen bettete man stärker in internationale Strukturen ein, als das vor dem Krieg der Fall gewesen war. Neben Vorstellungen globaler Zusammenarbeit und Ansätzen, die auf Blockbildung um die Supermächte USA und Sowjetunion zielten, wurden dabei verschiedene regionale Modelle für Europa diskutiert – etwa eine verstärkte Kooperation im nordatlantischen Raum, unter den Benelux-Staaten oder im Kontext der nordischen Länder. Im Südosten Europas versuchte der jugoslawische Staatschef Josip Brosz Tito zeitweise eine Art Balkan-Föderation unter sozialistischem Vorzeichen zu errichten. Insgesamt gewann Europa spürbar an Fahrt, wobei verschiedene «Europas» miteinander konkurrierten.

Von einem randständigen Zukunftsentwurf unter vielen anderen rückte so die Idee eines wie auch immer gearteten europäischen Zusammenschlusses in die vordere Reihe der politischen Optionen auf. Vier Motive spielten dabei eine tragende Rolle: die Friedenssicherung nach zwei verheerenden Weltkriegen auf dem «Kontinent der Gewalt», die Lösung der deutschen Frage, der Wohlstandsgewinn durch Zusammenschluss sowie schließlich das Streben nach europäischer Selbstbehauptung in der zunehmend bipolaren Welt des Kalten Krieges. All dies stellte die Aktualisierung älterer Beweggründe europäischer Einigung dar – besonders des Friedensmotivs und der Abstiegsangst im Vergleich zu anderen Weltregionen. Nie mehr sollten radikaler Nationalismus und Autarkiedenken demnach den Kontinent und die Welt in den Abgrund stoßen. Kooperation und Verflechtung galten als die probatesten Mittel, um das zu verhindern. Im Rückblick erschienen Ansätze wie jene von Coudenhove-Kalergi und Briand als richtungsweisend, zumal sie drei konkrete Ansätze miteinander verbanden, die nach 1945 noch viel einleuchtender erschienen: deutsch-französische Aussöhnung als Kern europäischer Einigung; strikter Antikommunismus sowie die Idee, die Kooperation kapitalistischer Wirtschaftssysteme für politische Ziele einzuspannen. Die Vergangenheit bot nun die Blaupausen für die Zukunft.

Diese Gemengelage stellte aber noch nicht den Startschuss für die EU dar. Vielmehr entstand im ersten Jahrfünft nach 1945 ein regelrechtes Labyrinth von sich teilweise überlappenden, teilweise konkurrierenden internationalen Organisationen mit dem Ziel europäischer Kooperation. Deren erste, die 1947 gegründete United Nations Economic Commission for Europe (UNECE), war gesamteuropäisch und schloss sogar die beiden Supermächte ein. Der sich verschärfende Kalte Krieg ließ sie bald an den Rand rücken. Hinzu kamen Organisationen, welche die Gespenster der Vergangenheit zähmen und Sicherheit in einer bedrohlichen Welt schaffen sollten, etwa der hauptsächlich gegen Deutschland und die Sowjetunion gerichtete Brüsseler Pakt mehrerer westeuropäischer Staaten von 1948, der seit 1954 Westeuropäische Union (WEU) hieß. 1948 entstand außerdem aus dem von den USA initiierten Marshall-Plan die Organisation für europäische wirtschaftliche Zusammenarbeit, die nach einer Umbenennung 1961 unter der Abkürzung OECD bekannt werden sollte. 1949 trat der Europarat hinzu, der stärker um Fragen der Menschenrechte kreiste.

Hinzu kamen Dutzende weitere Organisationen, von denen sich viele mit ökonomischen oder eher technischen Problemen beschäftigten, zum Beispiel Fragen der Infrastruktur. Bei der Regelung der Rheinschifffahrt, der Kooperation im Postwesen oder dem Aufbau grenzüberschreitender Eisenbahn- und Telegrafennetze hatte man in Europa seit dem 19. Jahrhundert viel Erfahrung mit internationaler Kooperation gesammelt. Seit den 1920er Jahren kamen weitere Themen hinzu, etwa wenn der italienische Ingenieur Piero Puricelli für ein gesamteuropäisches Autobahnnetz warb. Insgesamt handelte es sich um Formen «versteckter» Integration, häufig von Experten getragen. Nun, da breitere Teile der politischen Elite Europa für sich entdeckten, ließ sich auf diesen früheren Anläufen aufbauen. Für die Geschichte europäischer Einigung seit 1945 waren solche Erfahrungen mit grenzübergreifenden Infrastrukturprojekten und wirtschaftlicher Kooperation mindestens so prägend wie der ideengeschichtliche Vorlauf mit Denkern wie dem Herzog von Sully, William Penn oder Immanuel Kant. Europa, das war nicht die *eine* große Idee, sondern eher der Zusammenfluss einer Vielzahl von Projekten unterschiedlichster Natur.

Bereits in den 1950er Jahren gingen Internationalisierung und Globalisierung so weit, dass Europas Staaten keine abgeschlossenen Einheiten mehr darstellten – falls sie das je gewesen waren. Zumeist ging es lediglich um die Frage, welche von mehreren verfügbaren europäischen oder internationalen Lösungen sie wählen wollten, zumal auch die UNECE, der Europarat oder die OECD mit dem Anspruch auftraten, «die» Lösung für die Probleme des Kontinents bereitzuhalten. Die internationale Arena war deshalb keineswegs leer, als der Grundstein für die EU unserer Tage gelegt wurde. Und statt eines Europas entstanden derer viele.

Warum dann dieser weitere Anlauf, und was zeichnete ihn aus? Die früheste Vorläuferorganisation der heutigen Europäischen Union bildete die Quersumme der Lehren aus der intensiven Suche nach einer europäischen Lösung während der ersten fünf Nachkriegsjahre. In diesem Prozess kristallisierten sich mehrere Dinge heraus: Erstens war ein gesamteuropäischer Ansatz, wie ihn die UNECE verfolgt hatte, angesichts der brutalen Realität des Kalten Kriegs bald zum Scheitern verurteilt – die Spannungen zwischen Ost und West ließen sich immer weniger überbrücken. Der werdende Ostblock setzte auf Internationalismus unter sozialistischen Vorzeichen und sowjetischer Führung; Europa stellte für ihn keinen wesentlichen Bezugspunkt dar. Länder wie die Tschechoslowakei, die bis dahin eng mit Gesellschaften Westeuropas vernetzt gewesen waren, fanden sich nun plötzlich auf der anderen Seite des Eisernen Vorhangs wieder; hier zerriss der Kalte Krieg lange gewachsene Bindungen. Europa meinte deswegen fortan politisch für lange Zeit Westeuropa. Neben dem Zweiten Weltkrieg als prägender Vorgeschichte wurde so der Kalte Krieg zu einem definierenden Kontext für alle Anläufe europäischer Einigung. Damit ging einher, dass Europa zu schwach war, um als dritte Kraft, unabhängig vom Lagerdenken der Supermächte USA und Sowjetunion, zu fungieren. Auf eine derartige, neutrale Position hätten viele Menschen in Europa nach Kriegsende am liebsten gesetzt. Je mehr sich der Ost-West-Konflikt intensivierte, desto enger verkoppelte sich europäische Einigung unter dem Druck der Verhältnisse jedoch mit transatlantischer Kooperation. Die amerikanische Sicherheitsgarantie, welche die Vereinigten Staaten zur Hegemonialmacht Westeuropas machte, entwickelte sich zu einer bestimmenden Rahmenbedingung der Debatte über europäische Kooperation und Integration seit den späten 1940er Jahren.

Zweitens hatte der Ost-West-Konflikt eine weitere Tatsache geschaffen: Deutschland war geteilt. Für Europa ging es künftig nur noch darum, mit dem westlichen Teil des Landes umzugehen, wo 1949 die Bundesrepublik entstanden war. Hatten frühe Anläufe europäischer Einigung sich tendenziell gegen Deutschland positioniert oder das Land aufgrund der Spaltung seiner Besatzungszonen in Ost und West außen vor gelassen, stellte sich nun die Frage, welche Rolle die Bundesrepublik im werdenden Westblock spielen sollte. Das galt umso mehr, als Westdeutschland ökonomisch weniger geschwächt aus dem Krieg hervorgegangen war, als viele erwartet hatten. Mit der wachsenden wirtschaftlichen Macht des Landes in der fragilen, fragmentierten Mitte Europas galt es fortan umzugehen.

Drittens hatten die bisherigen Verhandlungen, besonders im Rahmen des Europarats, gezeigt, wie unterschiedlich die Vorstellungen des zu schaffenden Europas aussahen. Nur in einigen Ländern ließen sich Mehrheiten dafür finden, Souveränität an eine neue, supranationale Organisation zu übertragen. In anderen Gesellschaften, etwa im Vereinigten Königreich oder den skandinavischen Ländern, war dies nicht mehrheitsfähig. Warum auch? Großbritannien hatte erfolgreich dem Nationalsozialismus die Stirn geboten; der Nationalstaat galt hier als weniger delegitimiert als in Deutschland, Italien oder Frankreich. Stattdessen setzte man stärker auf intergouvernementale Formen der Kooperation, die Souveränität weniger beschränkt und jedem Mitgliedstaat im Rahmen der Zusammenarbeit ein Veto-Recht einräumt. Wenn man also viele Staaten an den Tisch brachte und über Kernkompetenzen staatlicher Hoheit diskutierte, wurde immer klarer, dass maximal eine intergouvernementale Zusammenarbeit herauskäme – wie etwa im Europarat. Wer enge Formen der Kooperation wollte, brauchte deswegen einen Neuanlauf, und es war naheliegend, dass dieser weniger Staaten umfassen würde als die UNECE mit ihren 18 Gründungsmitgliedern, die OECD (16) oder der Europarat (10).

Die Schuman-Erklärung vom 9. Mai 1950 als Ausgangspunkt der heutigen EU stand am Ende dieser Lernkurve. Trotzdem war sie, wie der französische Außenminister Robert Schuman selbst festhielt, ein «Sprung ins Ungewisse». Konkret plädierte er dafür, eine Europäische Gemeinschaft für Kohle und Stahl zu gründen. Sein Vorschlag, «die Gesamtheit der französisch-deutschen Kohle- und Stahlproduktion unter eine gemeinsame Oberste Aufsichtsbehörde zu stellen», sollte «Krieg zwischen Frankreich und Deutschland nicht nur undenkbar, sondern materiell unmöglich» machen. Schuman koppelte die Zusammenarbeit in jenem Bereich der Wirtschaft, der für Aufrüstung und Führung eines modernen Kriegs zentral ist, direkt an die Friedensfrage. Außerdem verband er die Aussöhnung mit der jungen Bundesrepublik mit einer Einladung an andere Staaten Westeuropas, sich dem Projekt anzuschließen. All dies knüpfte an Überlegungen der Zwischenkriegszeit an: Antikommunismus als Klammer, die Idee, die Wirtschaft für politische Ziele einzuspannen, sowie der deutsch-französische Kern fanden sich schon damals. Zugleich war dieser Plan wirklich visionär: Erstmals streckte Frankreich der jungen Bundesrepublik die Hand zur gleichberechtigten Partnerschaft aus, lediglich fünf Jahre nach Kriegsende. Außerdem war es taktisch klug, dass zwei wichtige Wirtschaftssektoren angesprochen waren, es sich aber nicht um die allersensibelsten Bereiche staatlicher Macht handelte, wie die Außen- oder die Sicherheitspolitik. So ließen sich nationale Widerstände gegen eine europäische Lösung verringern.

Zugleich sollte man den Idealismus des Vorschlags nicht überschätzen. Die französische Regierung rang sich zu diesem erst durch, als alle anderen Ansätze, Deutschland politisch einzudämmen, gescheitert waren. In geostrategische Motive mischten sich wirtschaftliche Interessen: Die bisher verfolgten Projekte zur Modernisierung der französischen Industrie hatten sich nicht als durchschlagend erwiesen; weitere, strukturelle Probleme des Sektors kamen hinzu. Durch Integration sollte die deutlich stärkere westdeutsche Ökonomie in zwei Schlüsselsektoren eingehegt werden, bevor diese ihre Potentiale voll entfalten und der damals nur eingeschränkt souveränen Bundesrepublik zu einer neuen Machtposition verhelfen würden.

Der letzte Anstoß für Schumans Rede erklärt sich aus der Haltung Großbritanniens und der USA: Frankreichs Partner als westliche Siegermächte des Zweiten Weltkriegs beabsichtigten, die für die Bundesrepublik geltende Begrenzung der Stahlproduktion auf 11,1 Millionen Tonnen pro Jahr aufzuheben. Bereits am 10. Mai 1950 – am Tag nach Schumans Rede – sollte darüber befunden werden. Angesichts des sich zuspitzenden Ost-West-Konflikts, der wenige Wochen später zum Koreakrieg führen sollte, setzten London und Washington auf Aufrüstung, selbst um den Preis eines wiedererstarkten Deutschlands. Dies hätte Frankreich deutlich geschwächt. All diese Gründe motivierten Schuman in der zugespitzten Lage zu der Erklärung. Deren Entwurf ging übrigens auf Jean Monnet zurück, der sich bald zur grauen Eminenz des europäischen Einigungsprozesses entwickeln sollte. Sicherlich, es ging Schuman und Monnet um die Vermeidung von Krieg, vor allem eines erneuten Kriegs mit Deutschland. Integration bildete jedoch auch ein ebenso attraktives wie innovatives Instrument, um in der werdenden Nachkriegsordnung die französische Vormachtstellung in Westeuropa zu sichern. Visionär am Schuman-Plan war gerade die Orientierung am Machbaren. Als geradezu genial kann die Verknüpfung von nationalen Interessen mit europapolitischen Zielen gelten.

Schumans Rede, mit dem die heutige EU ihren Ausgangspunkt fand, dauerte nur gut fünf Minuten. Fünf Minuten, die die Geschichte des Kontinents für immer verändern sollten. Aber das war 1950 keineswegs klar.

## II. Im Windschatten: 1950–1969

### *1. Neuanlauf mit Umwegen*

Lediglich elf Monate nach Schumans Erklärung unterzeichneten die Regierungen der drei Benelux-Staaten, Frankreichs, Italiens und der Bundesrepublik im April 1951 den Pariser Vertrag zur Gründung der Europäischen Gemeinschaft für Kohle und Stahl (EGKS), besser bekannt als Montanunion. Wenn sich dieser kleinwesteuropäische Zusammenschluss von lediglich sechs Staaten mit dem Adjektiv «europäisch» schmückte, sprach dies für ein gehöriges Maß an Selbstbewusstsein. Keine der zuvor geschaffenen Organisationen wurde seinetwegen aufgelöst; vielmehr glichen UNECE, OEEC, Europarat, WEU und Montanunion russischen Matrjoschka-Puppen, von denen die Montanunion als Vorläuferin der heutigen EU die kleinste und jüngste war, ganz nach dem Motto: «klein, aber fein». Wie weit man damit kommen würde, musste sich erst zeigen.

Die Montanunion von 1951 trat mit großem Anspruch auf. Um für übergreifende Ziele, wie die Schaffung von Frieden und Wohlstand, eine wirkliche Rolle zu spielen, blieb ihr Wirkungsbereich allerdings zu eng begrenzt. Wichtiger noch: Binnen kurzem wurde sie in wichtigen Fragen funktionsunfähig. Laut Vertrag strebte sie an, Zollbarrieren und andere Handelshemmnisse zu beseitigen und einen gemeinsamen Markt für Kohle und Stahl zu schaffen. Durch eine 1958 einsetzende Kohlekrise geriet die EGKS jedoch wenige Jahre nach ihrer Gründung auf schwieriges Terrain. Auf eine veränderte Produktionssituation bei dem Energieträger und damit verbundene Herausforderungen reagierten die Mitgliedstaaten unilateral. Die Bundesrepublik etwa verhängte einen Importstopp, was dem Geist des Vertrags widersprach, tendenziell auch seinem Wortlaut. Andere Mitgliedstaaten, wie die Niederlande und Italien, pfiffen auf die vereinbarte Gemeinschaftspräferenz und kauften ihre Kohle lieber billiger in den USA als in den anderen Montanunion-Staaten. Von jener «Solidarität der Tat», die Schuman 1950 beschworen hatte, war nichts zu spüren. Veränderungen in den globalen Märkten und der internationalen politischen Situation stachen das Regelwerk der EGKS aus – eine Dynamik, die sich im Einigungsprozess noch viele Male wiederholen sollte.

Dabei war die Montanunion keineswegs untätig. In der Kohlekrise wurde viel verhandelt, aber wenig erreicht. Wie so häufig im Einigungsprozess wich die EGKS auf andere Felder aus, in denen sie mittelfristig Wichtiges leistete, etwa im sozialen Wohnungsbau oder der Forschungspolitik. Dennoch: Viel Staat ließ sich mit diesem Europa nicht machen; vielmehr blieb es hinter den Erwartungen deutlich zurück.

Das ist jedoch nur die halbe Geschichte. Denn bereits bevor die Montanunion überhaupt das Licht der Welt erblickte, begannen ihre Mitgliedstaaten über nächste Schritte nachzudenken. Keine Woche nach dem Auftakt der offiziellen Regierungsverhandlungen über ihre Gründung überschritten am 25. Juni 1950 nordkoreanische Truppen die Grenze nach Süden. Der Koreakrieg, einer der größten militärischen Konflikte im Kalten Krieg, katapultierte die Option einer deutschen Wiederbewaffnung an die Spitze der politischen Tagesordnung. Die französische Regierung, die sich diesem Gedanken bisher verschlossen hatte, beugte sich nun amerikanischem Druck, ersann aber zugleich einen Weg, der politisch akzeptabler erschien als die Aufstellung westdeutscher Streitkräfte unter Bonner Kommando. Aufbauend auf Ideen Jean Monnets schlug Ministerpräsident René Pleven im Oktober 1950 die Schaffung einer europäischen Armee vor, angelehnt an das organisatorische Modell der EGKS. Da sich neben Bonn auch die Benelux-Staaten und Italien dem Vorstoß anschlossen, bewegte sich der Sechserbund der Montanunion mit hohem Tempo in Richtung weitgehender Integration in einem zentralen Bereich staatlicher Souveränität.

Nach komplizierten Verhandlungen scheiterte die Europäische Verteidigungsgemeinschaft (EVG) jedoch im August 1954. Ausgerechnet in Frankreich, das den Impuls zu dem Vorhaben gegeben hatte, überwog im Ratifizierungsverfahren der Widerstand in der Nationalversammlung. Neben innenpolitischen Unsicherheiten und Problemen lag die Last der Geschichte auf der Debatte: Für eine Mehrheit der französischen Abgeordneten wäre es wenige Jahre nach Kriegsende zu weit gegangen, Westdeutschland nicht nur als gleichberechtigten Partner im Rahmen der Montanunion zu akzeptieren, sondern darüber hinaus einem westdeutschen Wehrbeitrag zuzustimmen – trotz der geplanten europäischen Einbindung. Im Rückblick mögen die Befürchtungen überzogen erscheinen; aus der Perspektive der Zeit drängten sie sich geradezu auf.

Die Krise war umso gravierender, da das Scheitern des Verteidigungsprojekts ein anderes Vorhaben mit sich in den Abgrund zog. Auf Grundlage von Artikel 38 des EVG-Vertragsentwurfs planten die sechs beteiligten Staaten zusätzlich die Gründung einer Europäischen Politischen Gemeinschaft als den Versuch, eine Art Verfassung für die sechs Mitgliedstaaten zu erschaffen. Darauf hatte vor allem die italienische Regierung unter Alcide De Gasperi gedrängt. Das neue Projekt sollte Kompetenzen für den Montansektor und den Bereich der Verteidigung, aber auch die Außenpolitik erhalten. Mit dem Aus für die EVG wurde dieses Projekt ebenfalls hinfällig. De Gasperi, den die Parlamentarische Versammlung der EGKS im Mai 1954 zu ihrem Präsidenten gewählt hatte, verstarb unerwartet am 19. August – elf Tage, bevor sein Vorschlag Schiffbruch erlitt. Er hätte jedoch seinem Vorgänger im Amt, dem Belgier Paul-Henri Spaak, zweifelsohne zugestimmt, wenn dieser das Abstimmungsergebnis als «sehr schwere[n] Schlag für die Anhänger des vereinten Europas» bezeichnete.

Die Zeit der Klagen währte jedoch nur kurz. Trotz des Scheiterns der Europäischen Verteidigungsgemeinschaft tat sich mittelfristig keine sicherheitspolitische Lücke in Westeuropa auf. Stattdessen einigte man sich rasch auf die Wiederbewaffnung Westdeutschlands im Rahmen der NATO. Dabei diente ausgerechnet die Westeuropäische Union als eine sicherheitspolitische Organisation aus der unmittelbaren Nachkriegszeit als Hilfskonstrukt – vom Schild gegen deutsche Aggression wurde sie nun zum Vehikel militärischer Westbindung. Für die Bundesregierung war die NATO-Mitgliedschaft insofern von Vorteil, da Westdeutschland so mehr Gleichberechtigung und Mitsprache im westlichen Bündnis erhielt, als ihm die EVG-Lösung eingeräumt hätte. So machte das «Non» der französischen Nationalversammlung paradoxerweise den Weg frei für den Aufbau eigenständiger westdeutscher Streitkräfte. Sicherheitspolitik als Form der Friedenssicherung blieb deswegen für die kommenden Jahrzehnte im Wesentlichen außerhalb des Aufgabenbereichs der Vorläufer der heutigen EU. Für solche Fragen zeichnete auf internationaler Ebene die NATO zuständig.

Zugleich wurde der NATO-Beitritt Westdeutschlands für Frankreich dadurch akzeptabler, dass es die Montanunion als deutsch-französisches Gegengewicht zur transatlantischen Ausrichtung gab. Die verschiedenen internationalen Organisationen verhielten sich wie kommunizierende Röhren zueinander: Während die NATO das Europa der Sechs von sicherheitspolitischen Aufgaben entlastete, stabilisierte Letzteres zugleich die NATO, indem es zu ihr Gegengewichte und Stützen schuf.

All diese Verhandlungen und Wandlungen fanden über die Köpfe der meisten Menschen hinweg statt. In der ersten Hälfte der 1950er Jahren mobilisierten in Westdeutschland die SPD, die Gewerkschaften, aber auch die evangelische Kirche und namhafte Intellektuelle gegen die Wiederbewaffnung. Die Regierung unter Konrad Adenauer ließ sich von der «Ohne-mich-Bewegung» jedoch wenig beeindrucken. EVG- bzw. NATO-Beitritt waren kontroverse Entscheidungen, bei denen sicherheitspolitische Erwägungen im Vordergrund standen. Europäische Integration war, sobald es ernst und konkret wurde, schon in jener Zeit keineswegs immer populär.

Die «Anhänger des vereinten Europas» suchten nach dem EVG-Debakel nicht nur in der Sicherheitsfrage nach einer Alternative, sondern fahndeten auch darüber hinaus nach neuen Konsenszonen für europäische Projekte. Im kurzen Zeitraum zwischen Dezember 1954 und April 1955 formulierten sie über 50 Entwürfe für einen europäischen Neubeginn, wobei sich besonders die Hohe Behörde der Montanunion unter der Leitung Jean Monnets in eine Ideenschmiede für einen institutionellen Neuaufbruch verwandelte.

So wie die Montanunion die Summe von Lehren aus den ersten fünf Jahren nach Kriegsende dargestellt hatte, flossen in den nächsten Schritt jene Erfahrungen ein, welche die Regierungen der Montanunion-Staaten in der Halbdekade nach dem Pariser Vertrag machten. Die krachende Niederlage des Verteidigungsprojekts hatte unterstrichen, dass in verschiedenen Mitgliedstaaten starke politische Kräfte nicht bereit waren, Souveränität in einem Kernbereich staatlichen Handelns aufzugeben. Gleichzeitig dachten andere, dass die Montanunion allein keine ausreichend belastbare Basis für politische und ökonomische Kooperation in Westeuropa böte; dass man weiter gehen müsse. Vor allem die Beneluxstaaten traten jetzt mit vielen Initiativen hervor, die Anfang Juni 1955 in eine Konferenz der EGKS-Außenminister im italienischen Messina mündeten. Die sechs Minister einigten sich hier auf ein recht nüchtern und sachlich formuliertes Arbeitsprogramm: Sie setzten einen Regierungsausschuss ein, der eine Reihe von Integrationsprojekten in politisch weniger sensiblen Politikfeldern prüfen und weiterentwickeln sollte. Auf einen supranationalen Ansatz legte man sich nicht verbindlich fest, stattdessen war im Schlusskommuniqué mehrmals von einem «schrittweisen» Vorgehen die Rede. Auch inhaltlich blieb vieles offen. Klar war jedoch, dass man es weiter miteinander versuchen wollte.

In den 21 folgenden Monaten intensiver Verhandlungen verstärkten sich außerdem zwei bereits zuvor gemachte Erfahrungen: Zum einen zeigte sich einmal mehr, dass das Vereinigte Königreich, das man nach Messina zu den Verhandlungen eingeladen hatte, bei keinem Projekt supranationaler Prägung dabei sein würde – noch dazu, wenn dieses mit dessen globalem Empire im Konflikt stand. Zweitens konzentrierte man sich wieder auf politisch weniger sensible Politikfelder. So einigten sich die Sechs, zwei Kernthemen von Messina in den Vordergrund zu rücken: den Aufbau eines gemeinsamen Marktes und die friedliche Nutzung der Atomenergie, für die jeweils ein eigener Vertrag geschlossen werden sollte. Andere Politikbereiche wurden im Kontext des Marktprogramms erwähnt. Da viele Fragen strittig blieben, beließ man es häufig bei unpräzisen Erwähnungen. Ein Mix aus visionärem Denken und konsensorientiertem Pragmatismus prägte den Ansatz: Wo immer möglich, legte man sich juristisch so genau wie möglich fest; wenn das nicht ging, beließ man die Formulierung absichtlich vage. Der Weg dahin war voller Krisen, in denen ein Abbruch der Unterhandlungen mehrmals wahrscheinlich erschien. Dementsprechend gab es keinen Masterplan, worauf sich die neu zu schaffenden Gemeinschaften konzentrieren sollten. Deren Charakter stellte vielmehr die Summe der vorläufigen Verhandlungskompromisse der beteiligten Parteien dar.

Am Ende dieser langen, komplizierten Verhandlungen standen die Römischen Verträge vom 25. März 1957. Mit ihnen wurden zwei neue Gemeinschaften aus der Taufe gehoben – die Europäische Wirtschaftsgemeinschaft (EWG) und Euratom, die sich mittelfristig mit der EGKS zur Europäischen Gemeinschaft (EG) vereinigen sollten. Die beiden neuen Organisationen stellten einen entscheidenden Durchbruch für das EGKS-Format dar, auch wenn sie auf dem Trümmerhaufen deutlich größerer Pläne standen. Organisatorisch waren sie weder Teil der EGKS noch eigenständige Neuschöpfungen. Vielmehr handelte es sich um ein schwer durchschaubares, hybrides Arrangement. Denn alle drei hatten getrennte Kommissionen mit exekutiven Aufgaben, was als Ausgangspunkt für einen Weg in die Supranationalität dienen konnte. Aber bereits bei der EGKS hatte man auf belgisches und niederländisches Drängen dem gemeinschaftlichen Exekutivorgan einen intergouvernemental agierenden Ministerrat als Regulativ zur Wahrung der Interessen der Mitgliedstaaten an die Seite gestellt. Solche Vertretungen der Ressortminister der Mitgliedstaaten bekamen nun auch die EWG und Euratom. Die beiden neuen Gemeinschaften waren weniger supranational als die Montanunion – und viel weniger noch, als es die EVG gewesen wäre. Montanunion, Euratom und EWG hatten aber auch einige gemeinsame Institutionen, vor allem den Gerichtshof (EuGH) und die parlamentarische Versammlung. Der Gerichtshof war ursprünglich als Teil der Montanunion errichtet worden und sollte ab den 1960er Jahren für die EWG eine wichtige Rolle spielen – was 1957 aber keineswegs absehbar war. Bei der parlamentarischen Versammlung handelte es sich um keine Volksvertretung mit legislativen Kompetenzen; vielmehr hatte die parlamentarische Vertretung auffallend geringe Befugnisse. Und, ebenso wichtig: Eine parlamentarische Vertretung war ebenfalls Teil des Institutionenaufbaus des Europarats und wurde Anfang der 1950er Jahre der WEU, der NATO sowie weiteren Organisationen hinzugefügt. Unter diesen Parlamenten stach das EG-Organ keineswegs heraus. Vor allem in der Frühphase führte das Nebeneinander nicht nur im Verhältnis zu anderen europäischen Organisationen, sondern auch zwischen den drei Gemeinschaften der Sechs zu Reibungsverlusten und Konkurrenz. Das Ergebnis wirkte deshalb zunächst nicht wie ein großer Sprung in Richtung eines vereinigten Europas.

Nicht nur institutionell, auch inhaltlich bildeten die drei Europäischen Gemeinschaften einen ziemlichen Flickenteppich. Die Montanunion stand für einen sektoralen Zugriff, der gemeinsame Regelungen für die sechs Mitgliedstaaten in den Bereichen Kohle und Stahl brachte. Euratom wählte einen ähnlichen, sektoralen Zugriff für den Bereich der Kernenergie. Im Gegensatz dazu verfügte die EWG über ein breiteres Mandat, sollte sie doch einen gemeinsamen Markt ohne Binnenzölle, mit freiem Dienstleistungs-, Personen- und Kapitalverkehr und gemeinsamen Handelsregelungen gegenüber Drittstaaten erschaffen. Darüber hinaus enthielt der EWG-Vertrag schwammig gehaltene Formulierungen über den Aufbau weiterer gemeinsamer Politiken – etwa einer Gemeinsamen Agrar- und einer Gemeinsamen Verkehrspolitik, aber auch zur sozialpolitischen Flankierung des Geplanten. Kaum jemand hätte sich vorstellen können, dass diese drei Verträge die institutionellen, rechtlichen und administrativen Parameter für die nächsten vier Jahrzehnte europäischer Einigung definieren sollten.

Zugleich war umstritten, welcher der beiden neuen Verträge

bedeutsamer war. Die Erwartungen der EGKS, weiterhin die erste Geige zu spielen, wurden auf jeden Fall schnell enttäuscht. Davon abgesehen fanden Monnet und die französische Regierung Euratom ursprünglich attraktiver als die EWG, vor allem aufgrund des Wettbewerbsvorsprungs des eigenen Landes im Bereich der zivilen sowie der militärischen Nutzung der Kernenergie. Zugleich knüpften damals viele Experten und Intellektuelle geradezu utopische Hoffnungen an das Atom. Manche, wie der Philosoph Ernst Bloch, ließen es als Allzweckwaffe bezüglich der großen Energiefragen und sozialen Probleme der Zukunft erscheinen. Das Marktprojekt hatte offiziell zunächst der niederländische Außenminister Johan Willem Beyen vorgeschlagen – nicht zuletzt, um Absatzmärkte für den eigenen, wettbewerbsstarken Exportsektor zu gewinnen. Umstritten war in den Verhandlungen vor allem, wie protektionistisch oder liberal dieser gemeinsame Markt aussehen sollte. Während die französische und die italienische Regierung für Ersteres plädierten, standen Bonn und die Benelux-Länder für den zweiten Ansatz. Belgien und Frankreich wollten dieses Vorhaben außerdem eng mit ihren Kolonialreichen verknüpfen, woran anderswo wenig Interesse bestand, da man fürchtete, die Rechnung für die daraus entstehenden Kosten mit übernehmen zu müssen. Allgemein spielte der Spätkolonialismus eine wichtige Rolle in der Frühphase europäischer Einigung: Auch die Niederlande waren damals noch Kolonialmacht, und Ende der 1950er Jahre dachten in Westeuropa weiterhin viele, dass die Ära des Kolonialismus keineswegs vorbei sei.

Die EWG wird häufig als Kuhhandel zwischen Bonn und Paris dargestellt. Demnach wollte Frankreich die Agrarintegration und Bonn den Gemeinsamen Markt – und jede Seite akzeptierte die Forderung der anderen, um ihre eigenen Ziele zu erreichen. Solche Erklärungen sind jedoch grob vereinfachend. Die Bundesregierung stand dem Marktprojekt überaus skeptisch gegenüber und fürchtete, dass die wettbewerbsfähige gewerbliche Wirtschaft des Landes durch protektionistische Regelungen in ihrem Weltzugang geknebelt werden würde. Bonn akzeptierte die Römischen Verträge primär aus übergreifend-politischen

Gründen und nicht, weil man den Gemeinsamen Markt wollte. Ein Dutzend Jahre nach Kriegsende half dieser Integrationsschritt dem jungen westdeutschen Staat, nach der Katastrophe des Nationalsozialismus weitere Anerkennung in der internationalen Staatengemeinschaft zu erlangen. Europäische Einigung stellte einen Wert an sich dar und vergrößerte so paradoxerweise den Handlungsspielraum des nur teilsouveränen Staats.

Umgekehrt plädierte die französische Regierung zwar für den Agrarmarkt, aber dasselbe traf auch für die niederländische zu. Während die Regelungen zum Gemeinsamen Markt im Vertrag von 1957 recht klar und bindend waren, galt das viel weniger für die Agrarfrage. So war bei Vertragsabschluss keineswegs klar, ob etwas aus diesem Projekt werden würde. Deutschland und Frankreich spielten also jeweils eine bedeutsame Rolle, die Interessenslagen waren jedoch viel komplizierter, als dass man von einem einfachen Tauschhandel der beiden größten Mächte sprechen könnte. Das gilt umso mehr, wenn man die Rolle von nichtstaatlichen Interessensvertretungen berücksichtigt.

Insgesamt gaben alle Regierungen letztlich übergreifend-politischen Erwägungen den Vorrang vor ökonomischen und technischen Interessen – andernfalls hätte sich kein Ergebnis erzielen lassen. Zugleich waren die Verträge breit genug angelegt, so dass jede der sechs beteiligten Seiten darin Punkte fand, die für sie ökonomisch Potential hatten. Zur damaligen Zeit befanden sich die Mitgliedstaaten in einer welthistorisch einmaligen Boomphase, welche man später als die «goldenen 30 Jahre» des Wirtschaftswachstums nach 1945 bezeichnet hat. Dies vergrößerte die politischen Spielräume. Zugleich erhöhte der Kalte Krieg den Handlungsdruck. Die Tauwetter-Periode nach Stalins Tod 1953 hielt nicht lange an; besonders die Niederschlagung des Volksaufstands in Ungarn im November 1956 zeigte schnell die engen Grenzen der Liberalisierung im Ostblock auf. Das schweißte den Westen enger zusammen. In diese Richtung wirkte auch, dass die bisherigen Organisationen, die man in Westeuropa aufgebaut hatte, die an sie gehegten Erwartungen nicht erfüllten. Ein weiterer Faktor kam hinzu: der globale Bedeutungsverlust der großen europäischen Staaten. Vor allem in der

Suezkrise – einem internationalen Konflikt zwischen Ägypten einerseits sowie Großbritannien, Frankreich und Israel andererseits, der mit einem demütigenden Rückzug der europäischen Mächte endete – mussten Frankreichs Eliten schmerzhaft feststellen, dass ihr Land seine vormalige Weltrolle nicht mehr spielen konnte. In diesen unsicheren Zeiten war es naheliegend, in der Alten Welt näher zusammenzurücken.

Zugleich spielte die Unterstützung durch die USA eine wichtige Rolle. Die Vereinigten Staaten schufen mit ihrem Sicherheitsschirm nicht nur eine zentrale Bedingung für die Möglichkeit europäischer Integration. Vielmehr setzten sie sich für die konkreten Anstrengungen zum Aufbau der beiden Gemeinschaften explizit ein – so, wie sie es bereits bei der Montanunion und der gescheiterten EVG getan hatten. Sie gingen diesen Schritt, obwohl sich sowohl die EWG als auch Euratom ökonomisch nachteilig für Amerika auswirken konnten. Besonders US-Außenminister John Foster Dulles unterstrich den Vorrang übergreifender politischer Überlegungen und sah europäische Integration nicht nur als Ansatz, eine neue Gemeinschaft nach dem eigenen Vorbild der Vereinigten Staaten zu formen, sondern darüber hinaus als Teil der atlantischen Partnerschaft. Insgesamt prägte der Faktor Amerika die Geschichte europäischer Einigung für die kommenden Jahrzehnte grundlegend.

All dies vollzog sich jedoch ohne große öffentliche Anteilnahme. Sicherlich, die parlamentarische Ratifizierung lief in allen Mitgliedstaaten glatt und unkompliziert. Und dennoch reagierten die meisten Menschen mit Unkenntnis und Desinteresse auf die Verträge. Laut Umfragen hatten im Januar 1957 in der Bundesrepublik 49 Prozent der Befragten die Bezeichnungen «Gemeinsamer Markt» und «Europäische Wirtschaftsgemeinschaft» schon einmal gehört. Von diesen konnten nur 17 Prozent richtige Antworten auf die Frage geben, was sich dahinter verbarg. Im Januar 1958 lagen die entsprechenden Werte bei 56 beziehungsweise 21 Prozent. Und unter diesen 56 Prozent wussten nur 28 Prozent sicher, dass ein entsprechender Vertrag mittlerweile abgeschlossen war. Mit diesen schlechten Werten stand die Bundesrepublik keineswegs allein. In Frankreich konnten im Mai 1957 nur 23 Prozent der Befragten erklären, worum es sich bei Euratom handelte, obwohl der Aufbau dieser Gemeinschaft der französischen Regierung ein besonderes Anliegen war. Die historische Bedeutung der Verträge lag 1957 keineswegs auf der Hand.

Daran sollte sich in den nächsten Jahren wenig ändern. 1962 zum Beispiel fanden laut einer Umfrage die meisten Menschen «die Idee europäischer Einigung» grundsätzlich gut. Sobald es jedoch um Details ging, blieben ihre Meinungen vage. Gefragt, konkrete Effekte der EG zu benennen, waren in Italien 77 Prozent nicht in der Lage, etwas Positives anzuführen; immerhin aber fiel in Bezug auf Negatives sogar 100 Prozent nichts ein. In Belgien, Frankreich und der Bundesrepublik lagen die entsprechenden Werte bei 59:97, 60:93 und 60:84 Prozent. Am Ende der Dekade sah es nicht viel besser aus. 87 Prozent der Befragten aus den sechs Mitgliedstaaten sprachen sich in unterschiedlichen Abstufungen für den Einigungsprozess aus, 27 Prozent sogar sehr wohlwollend – aber nur 36 Prozent konnten die damals sechs Mitgliedstaaten korrekt benennen. Ein Ja zum Europa der Gemeinschaft hieß nicht, dass man auch nur die grundlegendsten Fakten kannte.

Zustimmung stellte deswegen oft nur ein Lippenbekenntnis dar – solange der Einigungsprozess den eigenen Alltag kaum betraf und abstrakt blieb, unterstützte man ihn. Sobald es konkret wurde, sanken die Werte spürbar ab. Nichts verdeutlicht dies mehr als Meinungsumfragen in den Niederlanden, Frankreich, Großbritannien und der Bundesrepublik aus den frühen 1960er Jahren. Auch dort sprachen sich überall große Mehrheiten grundsätzlich zugunsten europäischer Einigung aus. Wenn es jedoch um spezifische Maßnahmen ging, wanderten die Zustimmungsraten oft um 10 bis 20 Prozent nach unten. Aktive Unterstützung europäischer Einigung hätte anders ausgesehen. Bereits hier ist der Ursprung von Problemen zu sehen, welche den Einigungsprozess später noch viel schlimmer belasten sollten.

## 2. Markt mit Anhang

Bedenkt man diese komplizierte Vorgeschichte, erscheinen die Entwicklungen während der 1960er Jahre umso bemerkenswerter. Dies betraf in erster Linie den Gemeinsamen Markt, der sich immer stärker vor die anderen beiden Gemeinschaften schob und sich zum Gravitationszentrum europäischer Einigung entwickelte. Der EWG-Vertrag hatte festgelegt, dass dieser Markt durch einen Prozess mit drei Übergangsphasen realisiert werden sollte. Im Wesentlichen ging es darum, Zollschranken und mengenmäßige Ein- und Ausfuhrbeschränkungen zwischen den Mitgliedstaaten abzubauen, während nichttarifäre Handelshemmnisse zumeist erhalten blieben. Hinzu kamen eine gemeinsame Handelspolitik gegenüber Drittstaaten und Ansätze, neben dem freien Warenverkehr einen freien Dienstleistungs-, Personen- und Kapitalverkehr zu ermöglichen. So erhielten etwa Arbeitnehmerinnen und Arbeitnehmer das Recht, in jedem Mitgliedstaat zu leben und zu arbeiten.

Das waren ambitionierte Ziele, die sich bereits im Juli 1968, 18 Monate früher als ursprünglich geplant, verwirklichen ließen. Damals häufig verwandte Begriffe wie «Beschleunigungsbeschluss» klangen bürokratisch; sie reflektierten aber den Stolz darüber, dass die EG wesentlich schneller entstand als vorgesehen. Walter Hallstein, der selbstbewusste erste Präsident der EWG-Kommission, sah seine Gemeinschaft sogar als Ausgangspunkt einer «Politischen Union» und die «volle Föderation» als Leitbild. Das ging über das Erreichte meilenweit hinaus und verweist auf die enorme Integrationsdynamik und die Hoffnungen, die manche der Beteiligten mit den einige Jahre zuvor geschaffenen Institutionen verbanden.

Beflügelt wurde diese Entwicklung durch günstige Rahmenbedingungen: Das von der EWG bewirkte Ende der Barrieren im Innern und der Aufbau gemeinsamer Regeln gegenüber Drittstaaten fielen zusammen mit einer Phase enormen Wirtschaftswachstums, die der Integration zusätzliche Legitimation verschaffte. Das galt umso mehr, da der gesellschaftliche Konsens in den Mitgliedstaaten damals auf einer US-inspirierten «Politik der Produktivität» ruhte – ökonomischer Aufschwung und Effizienz standen im Vordergrund, und politische Zielkonflikte sollten demnach durch Wirtschaftswachstum überwölbt werden. Auch die EWG war diesem Ansatz verpflichtet. Die genauen ökonomischen Effekte ihrer Marktregelungen lassen sich nicht benennen, zumal auch andere Organisationen, wie etwa die OECD und die UNECE, auf eine Erleichterung des Austauschs von Waren hinwirkten. Mit Sicherheit leistete die EWG während jener Boomjahre aber einen zwar kleinen, dennoch spürbaren Beitrag zur Wohlstandsmehrung.

Ein weiterer Bereich, in dem die EWG merklich voranschritt, war der Aufbau einer gemeinsamen Wettbewerbspolitik, die unter anderem das Verbot des Missbrauchs einer marktbeherrschenden Stellung und von Kartellen vorsah. In einem kontrollierten Rahmen setzten sich die Ökonomien der Mitgliedstaaten einem schärferen Wettbewerb aus. Darauf hatten etwa die französische und die italienische Regierung gesetzt: Die dosierte Öffnung sollte helfen, auch jene Teile der eigenen Wirtschaft, die weniger konkurrenzfähig waren, auf Trab zu bringen. Allgemein diente Europa immer wieder als Mittel, um im Innern unpopuläre Reformen durchzuboxen.

Das Projekt, das die größte politische, administrative und finanzielle Aufmerksamkeit band, stellte die Gemeinsame Agrarpolitik (GAP) dar. Hier gelang es für einige wichtige Teilbereiche sogar, schon vor Juli 1968 die Aufbauphase abzuschließen. Dass man sich gerade in diesem Sektor überhaupt einigen konnte, war bemerkenswert. Noch Anfang der 1950er Jahre hatte eine transnationale Allianz der mächtigen Landwirtschaftslobby die Errichtung eines grünen Europas verhindert. Dass solche Blockaden nun überwunden wurden, lag nicht zuletzt am Verhandlungsgeschick des zuständigen Kommissars in der EWG-Kommission, des Niederländers Sicco Mansholt. Unter anderem setzte er darauf, den Verhandlungsprozess in eine Vielzahl kleiner Einzelentscheidungen aufzugliedern, was die Widerstände reduzierte. Zugleich war die Aufgabe riesig. Denn mehr noch als beim Gemeinsamen Markt für gewerbliche Güter ging es bei der GAP nicht nur um das, was man in einem wertneutralen Sinn als «negative» Integration bezeichnet, das heißt den Abbau von Trennendem wie zum Beispiel Zöllen. Hinzu kam als «positive» Integration der Aufbau einer gemeinsamen Politik. Konkret meint das vor allem gemeinsame Produzentenpreise für alle wichtigen Agrarerzeugnisse. Damit griff die GAP tief in das Marktgefüge der Mitgliedstaaten ein. Dieser hoch interventionistische Ansatz hatte eine lange Vorgeschichte und verweist auf die tiefe Transformationskrise, in die der Sektor seit den 1870er Jahren gerutscht war. So waren die Einkommen in der Landwirtschaft im Vergleich zum Rest der Wirtschaft immer weiter zurückgeblieben. Für eine aktive Gestaltung des Sektors sprach zudem die Notwendigkeit, die Lebensmittelversorgung der Bevölkerung zu sichern – angesichts des Hungers vergangener Kriege und der bedrohlichen Weltlage kein triviales Ziel.

Die GAP wurde jedoch auch schnell berüchtigt für ihre Fehlentwicklungen, denn Interventionismus führte zu massivem Protektionismus: Sie lieferte den Produzierenden große Anreize, ihre Erzeugung zu steigern, da diese eine Art Absatzgarantie für ihre Waren erhielten. Dieser Ansatz knüpfte an die interventionistischen Agrarpolitiken der Mitgliedstaaten an, gewann durch Europäisierung jedoch besondere Schlagkraft. Außerdem standen die politischen Entscheidungseliten unter dem massiven Druck der überaus mächtigen Interessensvertretungen des Sektors, die auf das Engste mit der Politik verflochten waren und deren Integrationsskepsis nur durch kostspielige Zugeständnisse überwunden werden konnte. Dabei trat Bonn übrigens immer wieder auf die Bremse und erwies sich als schwierigster Verhandlungspartner. Letztlich fügte man sich aber auch hier nach teilweise wochenlangen, dramatischen Verhandlungsrunden dem gemeinsamen Projekt.

Im Ergebnis kam es zu massiver Überproduktion, die durch Steuern finanziert und mit weiteren Kosten dann vernichtet oder auf dem Weltmarkt verscherbelt wurde. Das brachte der EG die berechtigte Kritik ihrer globalen Handelspartner ein. Diese Politik trieb auch die Preise für Konsumentinnen und Konsumenten unnötig in die Höhe. Bald war die GAP für Butterberge und Weinseen als Symbole sinnloser Überschussproduktion berüchtigt, die zugleich große ökologische Probleme nach sich zog. Diese Probleme wurden erst seit den 1990er Jahren langsam angegangen.

Die positive Kehrseite der GAP sollte man jedoch nicht übersehen: Die gewaltige Transformation des Sektors von der prägenden Lebenswelt der meisten Menschen hin zu einem kleinen hocheffizienten Wirtschaftszweig hatte in der ersten Jahrhunderthälfte zu politischem Extremismus geführt und die demokratischen Ordnungen in Europa erschüttert. Diese Dynamik federten die europäischen Transferleistungen nun deutlich ab. Die Bauern protestierten, radikalisierten sich aber nicht weiter. Deshalb war die GAP wirksam als eine versteckte Form europäischer Sozialpolitik.

Wie immer man der GAP gegenüberstand: Durch ihre Komplexität, ihre ausladende Bürokratie und ihren kontroversen Charakter wurde dieser agrarpolitische Anhang der EWG bald zum grünen Herz der Gemeinschaft. Als erste große gemeinsame Politik drückte sie der Einigung im ersten Jahrzehnt nach den Römischen Verträgen und weit darüber hinaus ihren prägenden Stempel auf.

Eine bindende Logik, auf welche Bereiche sich die EWG genau konzentrieren sollte, gab es also nicht. Im Gegensatz zum EGKS-Vertrag mit seinen ins Einzelne gehenden Regeln handelte es sich beim EWG-Vertrag in Bereichen wie der Agrarpolitik um weitgefasste Handlungsermächtigungen. Das juristisch zunächst nur vage Definierte eröffnete neue Handlungsräume, erhöhte aber auch die Wahrscheinlichkeit des Misserfolgs. Dies war zum Beispiel das Schicksal der im Vertrag ebenfalls angelegten Verkehrspolitik, die eine Totgeburt blieb. Ähnlich ging es der Idee einer aktiv gestaltenden Sozialpolitik, sieht man einmal vom sektorspezifischen Spezialfall der GAP ab. Für den Erfolg erwies sich als ausschlaggebend, worauf sich die beteiligten Regierungen in den Verhandlungen und manchmal erst in der Phase der Implementierung des Beschlossenen einigen konnten.

Dass sich erst in der Umsetzung das eigentliche Potential der EWG zeigte, verdeutlicht auch eine andere Dimension: die Rolle des Rechts. Das lag keineswegs nur am Vertrag selbst mit seinen 248 Artikeln. Vielmehr löste die Praxis der Marktintegration rechtliche Dynamiken aus, die den Charakter der Gemeinschaft mittelfristig nachhaltig verändern sollten. Dafür spielten Entscheidungen des Europäischen Gerichthofs eine zentrale Rolle, da er mit mehreren seiner Urteile die EWG deutlich über das vertraglich vereinbarte Gerüst hinauskatapultierte. Ursprünglich war nicht klar, dass Europarecht nationales Recht brechen könne – die Verträge ließen sich so auslegen, aber das war Interpretationssache. Dies änderte sich mit dem *van Gend en Loos*-Urteil, mit dem der Gerichtshof 1963 die klassischen Grenzen des Internationalen Rechts überschritt. Im Folgejahr stellte die *Costa/ENEL*-Entscheidung den absoluten Vorrang des Gemeinschaftsrechts gegenüber den nationalen Rechtsordnungen fest. Die Wirkung dieser beiden Urteile war Mitte der 1960er Jahre noch nicht ganz absehbar; sie sollten jedoch vor allem seit der Folgedekade die Entwicklung hin zu einer Rechtsordnung mit konstitutionellen Anteilen einleiten.

Eine hohe Dynamik entfaltete die EWG auch bezüglich der Erweiterungsfrage. 1960 hatte das Vereinigte Königreich in direkter Konkurrenz zu den Sechs eine Gemeinschaft der Sieben im Bereich der Wirtschafts- und vor allem der Handelspolitik gegründet. In der Europäischen Freihandelszone (EFTA) arbeitete London mit Dänemark, Norwegen, Schweden, Portugal, Österreich und der Schweiz zusammen. Die EFTA war eine direkte Kampfansage an die EG. Nunmehr war das westeuropäische Lager in zwei handelspolitische Blöcke gespalten. Bereits im Folgejahr bestimmte die britische Regierung ihre Europapolitik jedoch neu und bewarb sich um Mitgliedschaft in der EWG – denn mittlerweile hatte diese sich als die ökonomisch dynamischere Plattform erwiesen. Dass die Führungsnation des Konkurrenzunternehmens den Club wechseln wollte, verlieh dem Verein der Sechs besonderes Prestige. Aufgrund ihrer hohen ökonomischen Abhängigkeit vom Vereinigten Königreich reichten 1961 und 1967 auch Dänemark und Irland Anträge auf Mitgliedschaft in der EWG ein. Durch zwei Vetos verhinderte der französische Präsident Charles de Gaulle im Verlauf der

1960er Jahre die Umsetzung dieses Plans; an der besonderen Anziehungskraft der EG änderte dies jedoch nichts.

Sichtbarkeit und Stimme entwickelte die Gemeinschaft in der Zeit auch gegenüber anderen Staaten und Organisationen. Wenngleich etwa die Wirtschaftspolitiken in nationaler Verantwortung blieben und nach unterschiedlichen Ordnungsvorstellungen ausgestaltet wurden, sprach die EWG in außenwirtschaftspolitischen Verhandlungen fortan häufig mit einer Stimme. Das zeigte sich im Kontext des Allgemeinen Zoll- und Handelsabkommens (GATT), vor allem während der multilateralen Verhandlungen der sogenannten Kennedy-Runde von 1964 bis 1967. Sie führte zu einer massiven Zollsenkung, besonders für Güter der gewerblichen Wirtschaft. Einzeln hätten die Mitgliedstaaten ihre Interessen deutlich schlechter durchsetzen können, als es nun unter Führung des dafür zuständigen Kommissars in Brüssel, des Belgiers Jean Rey, gelang.

Geschlossen trat die Gemeinschaft auch in einer anderen Frage auf: dem Verhältnis zu den (ehemaligen) Kolonien der Mitgliedstaaten. Noch Mitte der 1950er Jahre waren viele Europäerinnen und Europäer davon ausgegangen, dass der Kolonialismus eine Zukunft habe und besonders Afrika an das sich zusammenschließende Europa angegliedert werden könne – eine spätkoloniale Phantasie, die häufig unter dem Namen «Eurafrika» verhandelt wurde. Demgegenüber gewann in den frühen 1960er Jahren der Dekolonisationsprozess immer schneller an Fahrt und eine wachsende Zahl von Staaten ließ das koloniale Joch hinter sich. Die Regelungen des EWG-Vertrags in dieser Frage mussten deswegen binnen weniger Jahre auf den Prüfstand gestellt werden. Tatsächlich hielt die Gemeinschaft mit dem Abkommen von Yaoundé 1963 an der bisherigen Assoziierungspolitik weitgehend fest. Dies eröffnete den ehemaligen Kolonien privilegierten Zugang zum Markt der EWG, setzte jedoch zugleich das strukturelle Übergewicht der europäischen Industrienationen fort. Vom Instrument des Spätkolonialismus wandelte sich die Assoziierungspolitik der Gemeinschaft zu einem Ansatzpunkt, um die Folgen der Dekolonisation zu gestalten. So förderte etwa der Investmentfonds der EWG lokale Industrien in Afrika, achtete aber zugleich strikt darauf, dass daraus der heimischen Wirtschaft keine unliebsame Konkurrenz erwuchs. Yaoundé war zugleich insofern wichtig, weil die EWG damit ihre Rolle als entwicklungspolitische Akteurin mit eigenständigem Profil auf der Welt institutionalisierte – wenngleich auf dieser Ebene die Nationalstaaten stets bedeutsamer blieben.

Kompakter und nach außen hin etwas klarer wurden die drei Gemeinschaften außerdem durch den Fusionsvertrag von 1965. Er führte sie enger zusammen, ohne sie vollständig zu verschmelzen. So erblickten die Europäischen Gemeinschaften, von denen man bald im Singular als der Europäischen Gemeinschaft sprach, das Licht der Welt. Die Gemeinschaft hieß nun EG; immer mehr verstand man darunter jedoch hauptsächlich die EWG als ihrem dynamischsten Teil.

Während die EWG durch Marktintegration, Agrarpolitik sowie Erweiterung und Außenbeziehungen überaus schnell voranschritt, trifft das für andere Bereiche deutlich weniger zu. Als Teil seiner in einem blutigen Krieg erstrittenen Unabhängigkeit von Frankreich löste sich Algerien 1962 von der Gemeinschaft, der es bis dahin in den meisten Fragen als De-facto-Teil angehört hatte. Diese wenig bekannte Episode verweist darauf, dass es bereits in der Frühphase europäischer Einigung klare Gegenbewegungen zur lange scheinbar dominanten Tendenz der Erweiterung gab.

Wie wichtig die Dimension der Umsetzung des vertraglich Beschlossenen war und wie vielschichtig sich europäische Einigung vollzog, zeigt sich aber auch an einem anderen Problemkreis. Die Römischen Verträge waren weniger supranational als die EGKS und räumten den jeweiligen Ministerräten mehr Macht ein. Allerdings sah der EWG-Vertrag eine sukzessive Ausweitung des Mehrheitswahlrechts in der Übergangsphase vor. Mehrheitswahlrecht heißt, dass ein Land überstimmt werden kann, im Extremfall wird ihm eine Agenda in einer überaus wichtigen Angelegenheit von außen aufgezwungen. Dieses Abstimmungsmodell basierte auf einem spezifischen Zeitmodell: Im Lauf der Jahre würde die Gemeinschaft sich immer mehr auf eine supranationale Logik zubewegen; sie befand sich dieser

Idee zufolge auf dem Weg zu jenem «immer engeren Zusammenschluss», von dem in der Präambel des EWG-Vertrags die Rede war.

Dieses Programm wurde jedoch Mitte der 1960er Jahre durch Frankreich ausgebremst. Im Ergebnis blieb die EG stärker ein Hybrid als ursprünglich geplant. Am 1. Juli 1965 teilte Charles de Gaulles Außenminister, Maurice Couve de Murville, den Partnern die Entscheidung der französischen Regierung mit, ihren Sitz im Ministerrat nicht mehr wahrzunehmen, bis in einigen für Frankreich zentralen Problemen eine Lösung erreicht sei. Diese Ansage bildete den Höhepunkt einer mehrjährigen Entwicklung, in der de Gaulle mit harten Bandagen für seine Ziele, besonders im Bereich der GAP, gekämpft hatte. Im Sommer 1965 löste er damit die sogenannte Krise des leeren Stuhls aus. Die Krise kreiste um den geplanten Übergang zum Mehrheitswahlrecht zum Jahresbeginn 1966; hinzu kamen Forderungen in Bezug auf die Landwirtschaftspolitik und Kritik an der weit ausgreifenden Politik der Europäischen Kommission unter ihrem Präsidenten Hallstein. Die Krise bildete nach dem Debakel von 1954 die nächste große Zerreißprobe für die Gemeinschaft. Nach sechs Monaten intensiver Verhandlungen einigten sich die Mitgliedstaaten Ende Januar 1966 auf den Luxemburger Kompromiss: Man verständigte sich darauf, sich nicht einigen zu können. Als informelle Regelung galt fortan, dass im Falle «lebenswichtiger Interessen» auch künftig kein Mitgliedstaat überstimmt werden konnte. In der Praxis änderte sich wenig im Vergleich zum Bisherigen. Allerdings sah die Zukunft anders aus als bisher geplant: Die Utopie des schrittweisen Übergangs in die Supranationalität zerplatzte, und das intergouvernementale Prinzip wurde gestärkt. Dieser Utopieverlust, der zugleich die Rolle der Europäischen Kommission merklich zurückstutzte, stellt einen wichtigen Einschnitt in der Geschichte europäischer Integration dar.

De Gaulle drückte dieser Phase, die sich weitgehend mit seiner Zeit als Präsident Frankreichs von 1959 bis 1969 deckte, ganz allgemein seinen Stempel auf. Schon vor der Krise des leeren Stuhls hatte er die Gemeinschaft stark in Richtung Intergouvernementalismus zu drängen versucht und auf ein Europa souveräner Staaten unter französischer Führung und in lediglich loser Anbindung an die USA hingearbeitet. De Gaulle war damit nicht gegen Europa; er wollte jedoch ein anderes Europa als jenes, für das die EG stand. So hätten die von seiner Regierung 1961/62 vorgelegten Fouchet-Pläne zu einem Mehr an Integration auf politischer, kultureller und verteidigungspolitischer Ebene geführt, allerdings ohne supranationale Komponenten und mit einer entmachteten Kommission. Weil dies die bestehenden Gemeinschaften gefährdet hätte, prallte sein Vorstoß am Widerstand der anderen Mitgliedstaaten ab. De Gaulle schwenkte daraufhin um und suchte zumindest die engere Kooperation mit Bonn. Der Elysée-Vertrag von 1963 intensivierte dementsprechend die bilateralen Beziehungen. Da der Bundestag auf eine amerikafreundliche Präambel bestand, ging jedoch de Gaulles eigentlicher Plan, die Bundesrepublik stärker an Frankreich zu binden und so die Rolle der europäischen Einigung und des transatlantischen Verhältnisses zu relativieren, nicht auf.

Auch Euratom entwickelte sich weniger dynamisch, als Monnet und andere gehofft hatten. Im Bereich der zivil genutzten Kernenergie optierte Frankreich für einen anderen technischen Ansatz als die fünf Partnerstaaten. Es gelang nicht, die Kernforschung auf effiziente Weise zu bündeln. Nach dem Fusionsvertrag wurde das Feld der Aktivitäten für Euratom neu gefasst; die Organisation entwickelte sich zunehmend in einen Vorläufer für die Forschungspolitik der Gemeinschaft sowie in eine Plattform für transatlantische Debatten über Technologiekooperation. Mit den hochfliegenden Erwartungen, die sich Ende der 1950er Jahre mit Euratom verbunden hatten, hatte all dies wenig zu tun.

Insgesamt war die Bilanz dieser ersten beiden Dekaden europäischer Einigung unter den Vorzeichen der EG durchaus gemischt. Hochfliegende Erwartungen waren enttäuscht worden; vieles blieb stecken und unvollkommen; außerdem gab es gravierende Richtungsstreitigkeiten. Als die Europäische Gemeinschaft sich formierte, war sie Spätankömmling in einem bereits dicht bevölkerten Feld von internationalen Organisationen, wie sich etwa an UNECE, Europarat, WEU und OECD zeigt. Dass sie in diesem einmal eine vorherrschende Stellung einnehmen würde, war lange nicht abzusehen. Krisen und Neuanfänge kennzeichneten diesen Prozess sowie der Außendruck durch den Kalten Krieg und die Unterstützung durch die USA. Falsch wäre jedoch die Annahme, dass sich die Gesellschaften Westeuropas hauptsächlich zwischen nationaler Souveränität und Integration à la EG zu entscheiden hatten. Es gab viele weitere internationale Foren und Lösungsansätze, wenngleich sich die EG immer gerne als *die* Alternative zu nationalzentrierter Politik verstand. Auch in anderer Hinsicht war die EG weniger innovativ, als sie sich selbst darstellte. In Bezug auf das Personal, aber auch auf die Ansätze zur internationalen Kooperation in Europa, gab es Anknüpfungspunkte an die Zwischenkriegszeit. So hatte sich zum Beispiel Jean Monnet seine Sporen unter anderem im Völkerbund verdient und übertrug viele der damals gemachten Erfahrungen auf die Überlegungen der Nachkriegszeit. Das blieb jedoch im Hintergrund; vielmehr bemühten sich die Protagonisten europäischer Integration, diese als Umkehr und Neubeginn in Szene zu setzen.

Anfang der 1960er Jahre war dennoch keineswegs klar, ob das kleineuropäische Projekt der sechs westeuropäischen Staaten nicht ein ähnliches Schicksal erleiden würde wie so viele andere internationale Organisationen – mit großem Aplomb zu starten, um dann auf ein eher technisches Dasein reduziert zu sein, ohne allzu großen oder gar systemischen Einfluss auf internationale Kooperation nehmen zu können. Mittlerweile hatte sich gezeigt, dass die EG sich im Bereich ihrer Aufgaben überaus dynamisch entwickelte und trotz gewisser Niederlagen weiter voranschritt, als viele es ihr zugetraut hätten. Wirklich systemische Relevanz für die Volkswirtschaften oder gar die Gesellschaften der Mitgliedstaaten hatte sie jedoch noch nicht – dafür waren ihre Kompetenzen zu nachrangig.

Allgemein konnte die EG auf eine gewisse Arbeitsteilung im Feld internationaler Kooperation aufbauen. Allein auf weiter Flur wäre sie den riesigen Herausforderungen der Zeit nicht gewachsen gewesen. Sie umfasste einige der wichtigsten Staaten

Westeuropas, die gleichwohl stets darauf setzten, auf einer ganzen Klaviatur von Organisationen spielen zu können. Während die NATO für Sicherheit und der Europarat für Menschenrechte zuständig waren und das am Ende des Zweiten Weltkriegs unter Führung der USA geschaffene Bretton-Woods-System durch seine Währungsordnung im transatlantischen Kontext für wirtschaftspolitische Rahmenbedingungen sorgte, konnte sich die EG zunächst konsolidieren und langsam entwickeln. Sie war dabei in einen Kokon anderer Organisationen eingebunden, und immer wieder wurde die Aufgabenverteilung neu justiert. Das galt umso mehr, da kaum eine Organisation auf einen eindeutigen Politikbereich festgelegt war und viele sich aus Gründen des institutionellen Selbsterhalts darum bemühten, ihre Tätigkeitsfelder auszuweiten und zu vertiefen.

Vorläufig handelte es sich eher um einen Anspruch, eine Behauptung, Europa wirkungsvoll zu gestalten und zu vertreten, nicht um eine Tatsache. Denn in den Anfangsjahren war die EG ein recht kleiner Club unter vielen mit lediglich graduellen Unterschieden zu anderen Organisationen internationaler Kooperation in Westeuropa. Er hatte aufgrund der herausgehobenen Stellung der deutsch-französischen Verständigung, seinen supranationalen Anteilen und weiteren Faktoren, von denen noch die Rede sein wird, hohes Potential, aber das war damals nicht offensichtlich. All dies verdeutlicht, wie *unwahrscheinlich* der Aufstieg der heutigen EU zur dominanten Form der Zusammenarbeit und Integration in Europa eigentlich war.

## III. Unbemerkte Transformation: 1969–1992

### 1. Krisenjahre?

Die letzten zwei Jahrzehnte des Kalten Krieges bildeten die Phase, in der sich die EG langsam zu einer systemisch bedeutsamen Macht entwickelte. Erst damals begann eigentlich die Vorgeschichte ihrer herausragenden Stellung in der Gegenwart.

Anders gesagt: Wäre die Gemeinschaft nicht in den gut zwei Dekaden seit den späten 1960er Jahren deutlich über ihre ursprüngliche Bedeutung hinausgewachsen, würde heute nicht Wohl und Wehe ganzer Volkswirtschaften von ihr abhängen. Die meisten Menschen würden sich zudem kaum für sie interessieren.

Die damalige Phase europäischer Einigung begann für die Befürworterinnen und Befürworter des Projekts verheißungsvoll, schien aber bald in einer Vielzahl von Problemen stecken zu bleiben. Anfang Dezember 1969 trafen sich die Staats- und Regierungschefs der sechs Mitgliedstaaten im niederländischen Den Haag, um auf Spitzenebene über die nächsten Schritte europäischer Einigung zu sprechen.

Der Neuansatz war nur möglich, da sich die Personenkonstellation auf Spitzenebene verändert hatte. Im April des Jahres war die lange Ära de Gaulles mit seiner Blockadepolitik an ihr Ende gekommen. Sein Nachfolger Georges Pompidou war zwar Gaullist, setzte jedoch auf eine neue Initiative und gab deswegen den Anstoß zu dem Treffen in den Niederlanden. In der Bundesrepublik war sechs Wochen vor dem Haager Gipfel Willy Brandt Bundeskanzler geworden. In den beiden größten Mitgliedstaaten übernahm somit eine neue Generation die Führung und verband dies mit dem Anspruch, dem europäischen Projekt einen frischen Impuls zu geben.

Tatsächlich konnten sich die Staats- und Regierungschefs in Den Haag auf weitreichende Beschlüsse zur künftigen Entwicklung der EG einigen, von denen sich viele binnen weniger Jahre umsetzen ließen. Knapp ein halbes Jahr nach dem Spitzentreffen entschied man, die EG mit eigenen Mitteln auszustatten, vor allem aus Zöllen und Einnahmen durch die GAP. Damit war die Gemeinsame Agrarpolitik langfristig gesichert – darauf hatte besonders Paris seit langem gedrängt. Zugleich vergrößerten diese Einnahmen, die neben die Beitragszahlungen der Mitgliedstaaten traten, den Gestaltungsspielraum der Gemeinschaft spürbar. Zweitens definierten die Sechs mehrere Politikfelder, auf die sie die Integration ausweiten wollten, vor allem bezüglich einer Wirtschafts- und Währungsunion, der politischen Zusammenarbeit sowie in der Forschungs- und Technologiepolitik. Das klang beachtlich – mehr als eine Absichtserklärung war dies vorerst allerdings nicht. Drittens eröffnete der Haager Gipfel den Weg zur ersten Erweiterung der Gemeinschaft: Anfang 1973 traten das Vereinigte Königreich, Irland und Dänemark bei. Nur Norwegen entschied sich in letzter Minute gegen diesen Schritt; außerdem kam es im Vereinigten Königreich lediglich zwei Jahre nach Aufnahme zu einem Referendum, welches den Verbleib in der Gemeinschaft jedoch letztlich bestätigte. Trotz dieser Einschränkungen stellte die Aufnahme neuer Mitgliedstaaten die Attraktivität der Gemeinschaft unter Beweis und unterstrich ihre Bedeutung. Vollendung (des Gemeinsamen Markts) – Vertiefung (durch neue Politikfelder) – Erweiterung: In allen Teilen des Triptychons von Leitthemen, das Pompidou als Initiator des Gipfels ins Spiel gebracht hatte, bewegte sich die EG voran.

Das klingt nach viel und erwies sich doch bald als zu wenig. Denn die Rahmenbedingungen, innerhalb derer die EG operierte, änderten sich in jenen Jahren dramatisch. Deswegen erschien es bald als unzureichend, lediglich die offenen Fragen der Vergangenheit zu klären. Zu viele neue Themen drängten auf die Agenda. In den frühen 1970er Jahren zerbrach ein wesentlicher Teil jenes Kokons, der die EG bis dahin umhüllt und stabilisiert hatte. Am offensichtlichsten war dies im Bereich der Wirtschaft. Zu Beginn der 1970er Jahre endete der historisch beispiellose Nachkriegsboom, der den Einigungsprozess in der Anfangsphase beflügelt hatte. Die wichtigsten Wirtschaftsindikatoren zeigten seit 1973 nach unten, und bald setzten ökonomische Stagnation, Arbeitslosigkeit, steigende Staatsverschuldung und hohe Inflationsraten die EG einem Härtetest aus. Gesellschaftliche Veränderungen im Innern mit Protestbewegungen und einem Anwachsen kapitalismuskritischer Positionen, die sich mit dem Stichwort «1968» verbinden, kamen hinzu. Für die elitengetriebene EG mit ihrer kapitalistischen DNA stellte auch dies eine Herausforderung dar.

Das Ende des Booms zerlöcherte darüber hinaus jenes globale Gewebe, in das die EG bis dahin eingebunden war. Das galt besonders für das Bretton-Woods-System als einer internationalen Währungsordnung mit festen Wechselkursbandbreiten, in welcher der US-Dollar als Ankerwährung fungierte. Ohne den sicheren Hafen dieser klaren Verhältnisse musste sich Westeuropa fragen, wie es das System seiner Währungen fortan ordnen wollte. Die Ölpreisschocks von 1973 und 1979/80 vertieften nicht nur die ökonomische Krise, sie zeigten auch, wie sehr sich Westeuropa vom schwarzen Gold und dessen Lieferländern im Nahen Osten abhängig gemacht hatte. Öl verwies zudem auf die Endlichkeit natürlicher Ressourcen, und erstmals wurden die «Grenzen des Wachstums», wie es der Club of Rome 1972 in einer vielbeachteten Studie formulierte, sowie die ökologischen Probleme des fossilen Zeitalters intensiv in der Öffentlichkeit diskutiert. Prägend für viele dieser Herausforderungen war der Beginn einer neuen Welle ökonomischer Globalisierung, die die Volkswirtschaften Westeuropas wachsendem Konkurrenzdruck aussetzte. Insgesamt büßten in kürzester Zeit alte Gewissheiten ihre handlungsorientierende Kraft ein.

Auch sicherheitspolitisch entstand eine neue, weniger berechenbare Welt, in der das Koordinatensystem des Kalten Krieges an Einfluss verlor: Bedrohliche Konflikte, etwa der Jom-Kippur-Krieg zwischen Israel und mehreren seiner arabischen Nachbarstaaten, flammten auf. Paradoxerweise entspannte sich zeitgleich die Konfrontation zwischen den Supermächten. Besonders deutlich wurde dies 1973, als nach mehreren vorbereitenden Treffen erstmals die Konferenz über Sicherheit und Zusammenarbeit in Europa (KSZE) zusammentrat. Zu den sich daraus entwickelnden blockübergreifenden Treffen, bei denen fast alle europäischen Staaten vertreten waren, musste sich Westeuropa positionieren. Und, wichtiger noch: So sehr man die Entspannung auf den ersten Blick begrüßen mochte, warf sie zugleich die beunruhigende Frage auf, inwieweit die amerikanische Sicherheitsgarantie für Westeuropa künftig noch galt. Das Problem stellte sich umso drängender, da sich das transatlantische Verhältnis damals merklich verschlechterte. Nicht zuletzt aufgrund ihrer eigenen Probleme unterstützten die USA seit der Präsidentschaft Richard Nixons den Einigungsprozess nicht mehr so großzügig, wie sie das seit den späten 1940er Jahren getan hatten. All diese Veränderungen setzten die EG unter Druck, und es war unklar, ob sie Teil des Problems oder der Lösung sein würde.

Auf die Herausforderungen reagierten die EG-Staaten in mehrfacher Weise. Institutionell entstanden neue politische Instrumente, die die Handlungsfähigkeit der Gemeinschaft erhöhen sollten. Trotz der EG-typischen Paragraphenreiterei hatten die beiden wichtigsten derartigen Neuansätze zunächst keine klare vertragliche Grundlage, sondern bewegten sich außerhalb des *acquis communautaire* der EG als der Summe der für jedes Mitgliedsland verbindlichen Rechte und Pflichten. Sie waren nur informell geregelt und bildeten sich schrittweise heraus. Dennoch zielten sie darauf, der Gemeinschaft mehr Schlagkraft zu verleihen, und gaben ihr tatsächlich neue Bedeutung.

Konkret institutionalisierten die EG-Staaten ihre Kooperation in der Außenpolitik mit der 1970 eingerichteten Europäischen Politischen Zusammenarbeit. Die EPZ war rein intergouvernemental aufgebaut und umfasste Konsultationen im außenpolitischen Bereich – für solche hatte es in der EG bislang kein eigenes Forum gegeben. So bemühten sich die EG-Staaten, gemeinsame Positionen zu finden, um größeren Einfluss auf die Weltpolitik zu nehmen. Das gelang im Helsinki-Prozess überraschend gut, da die Gemeinschaft im Rahmen des Ost-West-Dialogs häufig mit einer Stimme sprach.

Daneben wurde das, was in Den Haag noch Ausnahme gewesen war, zur Regel: Seit Mitte der 1970er Jahre versammelten sich die Staats- und Regierungschefs der EG regelmäßig zu europäischen Gipfeltreffen. War das Spitzenpersonal bislang lediglich zu zeremoniellen Anlässen und in sporadischer Folge zusammengetreten, tagten die Staats- und Regierungschefs fortan als «Europäischer Rat», den man nicht mit dem Europarat als weiterhin selbständiger Organisation verwechseln darf. EG-Politik war somit nicht mehr nur den jeweiligen im Ministerrat vereinigten Fachministern bzw. den damals noch sehr seltenen Ministerinnen überlassen. Einerseits wurde durch den Europäischen Rat das supranationale Prinzip geschwächt; andererseits standen nun die Staats- und Regierungschefs viel stärker in der Verantwortung.

In der Entstehung der EPZ wie des Europäischen Rates spiegelte sich das Bewusstsein, in einer Welt voller neuer Herausforderungen zu leben, denen man mit innovativen Formen der Kooperation begegnen musste. Neues wurde geschaffen, und während die EPZ im Kontext der KSZE Erfolge feiern konnte, blieben zum Beispiel ihre Stellungnahmen zum Nahostkonflikt zahnlose Tiger. Zugleich beließ man die eigentliche Sicherheitspolitik außerhalb der EG: Nationalstaaten und NATO zeichneten dafür weiterhin zuständig, und insofern kannte das neue Engagement der Gemeinschaft klare Grenzen. Auch die Arbeit des Europäischen Rates gestaltete sich mühsam: Im Tagesgeschäft wirkten seine Bemühungen oft unzureichend, zumal neue institutionelle Formate nicht nur auf Krisen reagierten, sondern zugleich hohe Erwartungen weckten, die häufig enttäuscht wurden.

Auf der Ebene des Institutionengefüges stellte außerdem 1979 eine wichtige Zäsur dar. Seitdem wurden die Mitglieder des Europäischen Parlaments direkt gewählt, während es sich in der Zeit davor um Delegierte aus den Parlamenten der Mitgliedstaaten gehandelt hatte. Das gab ihnen unmittelbarere demokratische Legitimität und spiegelte den hohen Anspruch des Hauses auf Mitwirkung am politischen Geschehen wider. Mit Simone Veil stand dem ersten direkt gewählten europäischen Parlament erstmals eine Frau als Präsidentin vor, die zudem als Holocaustüberlebende und prominente französische Politikerin den Gestaltungswillen des Hauses personifizierte. Bis 1979 hatten viele der Abgeordneten gleichzeitig die parlamentarischen Versammlungen von Organisationen wie dem Europarat oder der WEU bestückt, was Austausch und Kooperation zwischen den verschiedenen Foren erleichtert hatte. Ab 1979 wurde die EG autonomer und setzte sich mit ihrem Parlament von denen «normaler» internationaler Organisationen ab. Auf anderen Ebenen sollte man die Zäsur 1979 dagegen nicht überschätzen: In verschiedenen Fragen hatte das EG-Parlament seine Rolle bereits seit den 1960er Jahren ausgeweitet, und davor wie danach hatte es die Tendenz, sich für inhaltliche Fragen zuständig zu erklären, für die ihm die formale Kompetenz fehlte. In diesem Sinne trug es kontinuierlich dazu bei, das Themenspektrum der EG zu erweitern.

Denn über das Institutionelle hinaus griff die EG in den 1970er Jahren inhaltlich in neue Politikfelder aus. Auch dies widerspricht der bis heute weit verbreiteten Sicht, dass es sich bei der damaligen Zeit lediglich um eine Krisenphase im Einigungsprozess handelte. Die Fehlwahrnehmung erklärt sich nicht zuletzt daraus, dass sich viele der neuen Initiativen in kleinen, kaum sichtbaren Schritten entwickelten, anstatt mit dem Fanfarenstoß einer großen Vertragsreform einherzugehen. Einige der wichtigsten waren zwar auf das Engste mit der EG verbunden, basierten jedoch nur auf informellen Regelungen oder hatten ihre juristische Basis außerhalb der EG-Verträge. Außerdem funktionierten viele kurz- und mittelfristig nicht besonders gut, was das Bild von der Gemeinschaft in der Krise untermauerte.

All dies trifft besonders für die Währungspolitik zu. Im Bretton-Woods-System hatten sich bereits Ende der 1960er Jahre Risse aufgetan, bevor es Anfang der 1970er Jahre ganz zerbrach. Wenn die Wechselkurse jedoch stark schwankten, vertrug sich das weder mit dem System der gemeinsamen Agrarpreise, welche die GAP in langen und mühsamen Verhandlungsrunden errichtet hatte, noch mit den Hoffnungen bezüglich des Gemeinsamen Marktes. Nationale Alleingänge in Währungsfragen hatten das Potential, diesem den Garaus zu machen. Erste Anläufe zu einer westeuropäischen Währungsunion blieben angesichts der turbulenten Krisenlage Anfang der 1970er Jahre wenig erfolgreich; nach Jahren weiterer Debatten entstand 1979 das Europäische Währungssystem (EWS) – nicht zuletzt, weil der französische Präsident Valéry Giscard d'Estaing und Bundeskanzler Helmut Schmidt das Problem zur Chefsache erklärten. Das EWS legte eine gewisse Bandbreite fest, innerhalb derer Wechselkursfluktuationen künftig erlaubt waren. Trotz seiner Schwächen rettete es den gemeinsamen Markt und reduzierte den ökonomischen Krisendruck.

Zu den weiteren Politikfeldern, in denen die EG damals schleichend an Einfluss gewann, gehörten die Forschungs-, die

Umwelt- und die Regionalpolitik. Jeweils erwiesen sich die Verträge der 1950er Jahre als flexibel genug, so dass die neuen Projekte auf ihnen aufbauen bzw. sich neben ihnen entwickeln konnten. Zum Beispiel entfaltete die EG bei Forschung und Technik in dieser Zeit besondere Dynamik. In der Kernforschung hatte sich Euratom bereits in den 1960er Jahren etabliert. Nun griff die Gemeinschaft weit darüber hinaus, wobei die angewandte Forschung stets im Mittelpunkt stand. 1977 konnte sie etwa ihre Rolle in der zukunftsträchtigen Computer- sowie der Luftfahrtforschung ausbauen. Befeuert wurde dieser Prozess durch eine breite Debatte über eine «Technologielücke» im Vergleich zu den USA, dem etablierten Hegemon in dem Feld, und Japan als dynamischem Aufsteiger. Ohne diesen Krisendiskurs wären die Mitgliedstaaten kaum bereit gewesen, der EG in dem Bereich mehr Spielraum zu geben. Hier wie in anderen Fragen gelang es ihr, die Krise in eine Chance zu verwandeln.

Die Ausweitung der Aktivitäten und der Politikfelder der EG änderte auch ihren Status im Verhältnis zu anderen internationalen Organisationen in Westeuropa. Zunächst einmal ist bemerkenswert, dass die EG als die geeignete Plattform erschien, an die neue inhaltliche und institutionelle Formate angegliedert wurden – was bei Europarat, OECD und anderen Foren weniger der Fall war. So zeigte sich in der Krise, auf welche der vorhandenen Organisationen die politischen Eliten der Mitgliedstaaten verstärkt setzten. Hätte sich die Welt eine Dekade zuvor so dramatisch geändert, wie sie es ab den frühen 1970er Jahren tat, wäre das weniger wahrscheinlich gewesen: Damals wären die Zweifel spürbar größer gewesen, ob man so gewichtige Probleme in die Hände der fragilen EG hätte legen können. Zugleich sahen die 1970er Jahre intensive Konflikte zwischen den verschiedenen internationalen Organisationen – etwa darum, wer für die damals auf überstaatlicher Ebene neu erfundene Umweltpolitik zuständig sein sollte. Nicht nur die EG, sondern zum Beispiel auch die OECD, der Europarat und sogar die NATO reklamierten das Feld für sich. Aufgaben wurden immer wieder neu austariert und umverteilt. Auf der EG lag weiterhin keineswegs die alleinige oder durchgängig die hauptsächliche

Verantwortung, für internationale Kooperation zu sorgen. Sie kam jedoch erstaunlich oft zum Zug.

Die verschiedenen internationalen Organisationen in Westeuropa konkurrierten allerdings nicht nur, sondern kooperierten zudem und lernten voneinander. Immer wieder übernahm die EG dabei Ansätze, die zuerst anderswo ausprobiert worden waren. Das galt beispielsweise für die Umweltpolitik, bei der sie Prinzipien der OECD zur Frage der Verantwortlichkeit bei Umweltschäden nachahmte. Durch die Verkettung mit dem Gemeinsamen Markt entwickelten solche Ansätze in der EG dann mehr Durchschlagkraft als in der OECD. Auch im Bereich der Handelspolitik setzte sich die EG seit den 1970er Jahren im Vergleich zur OECD als wichtigere Organisation durch. Parallel dazu wurde sie in Feldern aktiv, die der Europarat für sich reklamierte, etwa dem Schutz der Menschenrechte oder der Vertretung von Regionen und Kommunen. Weiterhin galt, dass die Regierungen der Mitgliedstaaten, Unternehmen und zivilgesellschaftliche Gruppen die EG nicht als einzige Alternative zur nationalstaatlichen Souveränität oder zu traditionellen diplomatischen Formaten wie den bilateralen Beziehungen sowie der Regelung transnationalen Austauschs und Verkehrs sahen, sondern sich oft verschiedener Foren und Kanäle bedienten. Besonders seit den frühen 1980er Jahren verstärkte sich jedoch die zunächst kaum sichtbare Tendenz, der Europäischen Gemeinschaft den Vorrang zu geben. Zugleich begann sie, auf symbolischer Ebene immer mehr die Gesamtidee europäischer Kooperation zu repräsentieren – in ihr verdichtete sich eine eigentlich deutlich vielfältigere Realität, und auch diese übertragene Dimension mehrte ihre Bedeutung.

Was waren die Gründe, warum die EG in so vielen Teilfragen an Gewicht gewann? Drei Faktoren stechen hervor. Erstens erwies sich der aus der EWG kommende Fokus der Gemeinschaft auf einer Zollunion und einem Gemeinsamen Markt als wichtig. Denn von dieser ökonomischen Logik aus gab es viele funktionale Verbindungen zu anderen Politikbereichen. Zum Beispiel hatte die Errichtung des Gemeinsamen Markts Auswirkungen auf so unterschiedliche Fragen wie Hygienestandards, Verbraucherfragen, berufliche Ausbildung, Umweltschutz oder Sozialpolitik. Das heißt nicht, dass diese Probleme deswegen automatisch in den Kompetenzbereich der EG gerieten. Allerdings gab es immer wieder Gruppierungen und Institutionen, die in diese Richtung wirkten – sei dies aus der Kommission, dem Parlament, dem Europäischen Gerichtshof, transnationalen Interessensgruppen oder einzelnen Mitgliedstaaten. Seit den 1970er Jahren entwickelte die EG etwa Ansätze einer eigenen Kulturpolitik. Dabei spielte der EuGH eine wichtige Rolle, da er zu klären hatte, inwieweit Kulturgüter den allgemeinen Regelungen des Gemeinsamen Marktes unterliegen sollten. Zunächst ging es um Ausnahmeregelungen vom Marktgeschehen. Bald aber mündeten diese in kleine, explizit kulturpolitische Maßnahmen – wiewohl auf internationaler Ebene eigentlich die UNESCO und in Westeuropa der Europarat hierfür zuständig zeichneten.

Hinzu kam zweitens das Recht. Das langsame Entstehen einer eigenen Rechtskultur mit hohem Verbindlichkeitsgrad, von der Rechtssetzung bis zur Implementierung, gab der Gemeinschaft einen spürbaren Vorteil im Vergleich zu anderen internationalen Organisationen. Letztere waren zumeist auf die freiwillige Kooperation der Mitgliedstaaten angewiesen, breit gehaltene Empfehlungen in nationales Recht zu überführen. Außerdem konnten Bürgerinnen und Bürger der Gemeinschaft unter gewissen Bedingungen EG-Recht selbst rechtlich durchsetzen, was in Organisationen wie der OECD oder dem Europarat nicht möglich war. Das gab der Rechtsentwicklung in der Gemeinschaft eine besondere Dynamik. Der EuGH trug weit über das Beispiel der Kulturpolitik dazu bei, den Kompetenzbereich der EG zu vergrößern – nicht zuletzt, indem er das marktbezogene Mandat der Verträge großzügig auslegte. Die Schlagkraft seines Rechts mit seiner unmittelbaren Anwendbarkeit, unabhängig vom Recht der Mitgliedstaaten, war eine der wirkmächtigsten Waffen der Gemeinschaft. Das erklärt zugleich, warum etwa die handelspolitischen Instrumente der EG gegenüber denen des GATT als haushoch überlegen galten.

Drittens schließlich verfügte die EG über größere finanzielle

Ressourcen als die anderen internationalen Organisationen, vor allem seit der Entscheidung von 1970. Der Haushalt der OECD zum Beispiel ließ kaum mehr zu als die Finanzierung der Aktivitäten ihres Sekretariats, einiger statistischer Forschungen sowie von Expertenkommissionen. Ähnlich verhielt es sich beim Europarat. Dagegen agierte die EG vergleichsweise unabhängig von ihren Mitgliedstaaten, zumal bei der Entscheidung, wie über das Budget zu verfügen sei, nunmehr Kommission und Parlament ein ernsthaftes Wort mitzureden hatten. Diese Lösung war hart erstritten – als sie jedoch einmal da war, gab sie der EG einen Spielraum, mit dem ihre Konkurrenten nicht mithalten konnten. Gemeinsam halfen diese drei Faktoren der EG, an Bedeutung zu gewinnen und sich über die anderen internationalen Organisationen in Westeuropa zu stellen. Dieser Prozess verstärkte sich seit den 1970er und mehr noch in den 1980er Jahren; er vollzog sich in kleinen Schritten und fand bislang kaum Aufmerksamkeit.

Überlagert – und in der öffentlichen Wahrnehmung dominiert – wurden diese Prozesse durch Anderes, besonders die Blockaden auf der politischen Spitzenebene. Vor allem die frühen 1980er Jahre sind als Phase der «Eurosklerose» in die Geschichtsbücher eingegangen, laut denen primär die kompromisslos interessensgeleitete Politik der britischen Premierministerin Margaret Thatcher die EG in die Krise stürzte. Das ist richtig, wobei sich viel der britischen Kritik an überhöhten Beitragszahlungen daraus erklärt, dass das bis zum Beitritt 1973 entstandene Modell der EG so überaus schlecht zur politischen Ökonomie des Vereinigten Königreichs passte: Profitierten etwa von der GAP vor allem Staaten mit großem Agrarsektor, war dieser auf der Insel aus historischen Gründen klein; insofern hatte London viel in den entsprechenden Haushalt einzuzahlen, bekam aber kaum etwas zurück. Vor diesem Hintergrund entwickelte Thatcher einen hartleibigen Kurs, der nationale Interessen betonte und bald in mehreren Hauptstädten gelehrige Nachfolger fand. All dies machte es quasi unmöglich, Kompromisse zu finden. Aber ähnlich wie de Gaulle in den 1960er Jahren die Vorzüge der EG für Frankreich zu schätzen wusste und polternde Worte nie in das Extrem der Fundamentalkrise überführte, sollte man die Vielschichtigkeit der damaligen britischen Europapolitik nicht übersehen: Thatcher zielte zum Beispiel auf eine markante Vertiefung des Gemeinsamen Marktes als ein Projekt, das auch Fans eines supranationalen Ansatzes als großes Ziel sahen. Drama auf europäischer Ebene war das Eine; dazu trat jedoch oft weniger sichtbare und weniger krisenträchtige Sachpolitik.

Die größere Herausforderung für die EG lag anderswo, und auch dies ließ sich damals leicht übersehen: dass die Mitgliedstaaten angesichts der immensen Herausforderungen der Zeit, besonders jener der Globalisierung, phasenweise auf ganz andere Instrumente setzten als die EG. Frankreich experimentierte zum Beispiel unter Präsident François Mitterrand Anfang der 1980er Jahre mit einem keynesianischen, am Nationalstaat ausgerichteten Reformprogramm, das wenig Raum für die EG ließ. Anderswo baute man stärker auf globale Lösungen, unter anderem im Rahmen des GATT. Erst die Erfahrung, dass sich solche Alternativen gegen den Druck der Finanzmärkte und anderer Faktoren nicht durchhalten ließen oder die gewünschten Effekte nicht erzielten, ließ die Mitgliedstaaten wieder vermehrt auf die EG setzen. Es war nicht zuletzt dieser Verschleiß von Alternativen, der der EG ab Mitte der 1980er Jahre spürbaren Rückenwind gab und den kleineren Ansätzen, etwa in der Außen-, der Forschungs- und der Umweltpolitik, neue Schubkraft verlieh.

Wenn ihre Rolle in jener Zeit vielschichtig und recht kompliziert war, gilt das auch für die wirtschaftlichen Effekte europäischer Einigung – sie lassen sich nur schwer benennen. Die Ökonomien Westeuropas befanden sich nach 1973 lange in der Krise: Der Zuwachs des realen Bruttoinlandprodukts pro Kopf in Prozent fiel in den sechs Gründerstaaten in den Jahren von 1973 bis 1992 nur ungefähr halb so hoch aus wie von 1950 bis 1973. Das heißt, dass die Wirtschaft insgesamt durchaus weiterwuchs, allerdings merklich langsamer als vorher. Ähnlich verhielt es sich in Dänemark und Spanien, während in Portugal und Griechenland der Einbruch noch dramatischer war. Deutlich geringer fiel der Wachstumsverlust nur im Vereinigten Königreich und in Irland aus, wobei die britische Wirtschaft bereits in der Phase davor geschwächelt hatte. Einen riesigen ökonomischen Beitrittsbonus brachte die EG-Mitgliedschaft nicht. Dass die erste Erweiterung genau mit der massiven Verschlechterung der ökonomischen Rahmenbedingungen zusammenfiel, bildete für die EG einen unglücklichen Zufall, da viele Menschen ihr die Probleme zur Last legten. Zugleich, und das wird oft übersehen, bewegte sich der Anteil europäischer Einigung am Wirtschaftswachstum für alle Mitgliedstaaten zusammen ungefähr auf gleicher Höhe wie in den Jahren bis 1973. Das heißt: Der *relative* Effekt europäischer Einigung stieg insgesamt signifikant an, und ohne die EG wäre der Einbruch nach dem Boom noch verheerender gewesen. Europäische Einigung blieb recht unsichtbar, entfaltete aber durchaus Wirkung.

## 2. Häutungen

Wie so oft zeigte sich erst im Rückblick, dass der Wind sich gedreht hatte und sich bislang kaum bemerkbare Teilentwicklungen zu einem Trend verdichteten. 1984 gelang es auf dem Gipfel von Fontainebleau nach jahrelangen Verhandlungen endlich die Frage des britischen Beitrags zum Haushalt der Gemeinschaft zu klären. Im Folgejahr trat der Franzose Jacques Delors an die Spitze der Europäischen Kommission, der sich bald zu einem der wesentlichen Gestalter des Einigungsprojekts entwickeln sollte. In die Jahre von 1984 bis 1990 fällt auch ein längerer Aufschwung mit steigendem Bruttosozialprodukt, geringerer Inflationsrate und zurückgehenden Arbeitslosenzahlen, was die politischen Handlungsspielräume vergrößerte. Der Ost-West-Konflikt entspannte sich gegen Ende des Zeitraums mit atemberaubendem Tempo, so dass plötzlich der Weg in eine friedlichere, prosperierende Welt möglich erschien.

Zugleich gewann die EG selbst sichtbar an Fahrt. Bildete die Zeit seit den frühen 1970er Jahren den Anlauf, dann handelte es sich seit Mitte der 1980er Jahre um die Phase einer weitreichenden Transformation des Einigungsprojekts und des Durchbruchs der Europäischen Gemeinschaft zum führenden Forum in Westeuropa. Nun erst zeigte sich, dass sie sich merklich von einer klassischen internationalen Organisation unterschied und im Verhältnis zu OECD, Europarat und anderen eine zunehmend hegemoniale Stellung einnahm. Formal steht hierfür der Maastrichter Vertrag von 1992, wobei sich vieles bereits in der Halbdekade davor in diese Richtung entwickelt hatte. Auch in dieser Phase ging es weniger um heroische Staatsakte auf großer Bühne als vielmehr um kleine Bewegungen, deren Details fast nur Expertinnen und Experten verfolgten und verstanden.

Im Zentrum der Bemühungen stand das Binnenmarktprogramm. Denn bezüglich jener Handelsliberalisierung, die den Ansatz der EWG darstellte, hatten sich viel Unerledigtes und neue Probleme aufgestaut. Auf die ökonomische Talfahrt Anfang der 1970er Jahre reagierten die Mitgliedstaaten allen Liberalisierungsbeschwörungen zum Trotz mit protektionistischen Maßnahmen, besonders in Form nichttarifärer Hemmnisse. Gleich zu Beginn ihrer Amtszeit 1985 nutzte die Kommission unter Delors die Krisenstimmung und plädierte für Veränderungen. Dabei setzte sie auf Dramatik und Visionen: Europa befände sich am «Scheideweg»; Ziel müsse es sein, bis Ende 1992 einen «Binnenmarkt» zu verwirklichen. Allein schon das Wort sollte eine Steigerung zum vorhandenen Gemeinsamen Markt signalisieren. Bald entstand ein Arbeitsprogramm, das schließlich in der Einheitlichen Europäischen Akte kulminierte und die Vertiefung der EG im ökonomischen Bereich massiv vorantrieb.

Das Recht spielte dabei eine besondere Rolle. Eine Entscheidung des EuGH von 1979 begann nun besonderen Einfluss zu entfalten. Das *Cassis de Dijon*-Urteil etablierte das sogenannte Prinzip der wechselseitigen Anerkennung: Wenn ein Produkt in einem Mitgliedstaat nach dessen Vorschriften zulässig in den Verkehr gebracht werden durfte, dann mussten die anderen Mitgliedstaaten dieses ebenfalls für ihren Markt akzeptieren. Das klang technisch und war es auch, hatte aber wichtige Folgen. Nationale Abschottung galt fortan juristisch nicht mehr als Normalfall, sondern war begründungsbedürftig. Praktisch hieß dies, dass Handelsbarrieren einfacher fallen konnten als bisher, da es künftig keiner per Einstimmigkeitsverfahren gefundener, detaillierter Regelung aus Brüssel mehr bedurfte. Juristisch wurde dieser Ansatz seit Mitte der 1980er Jahre verstärkt eingesetzt und weiter ausgebaut. Dieser Schritt stand nicht für Deregulierung, sondern verschmolz die Rechtsordnungen der EG und der Mitgliedstaaten in einer bislang unbekannten Form unter dem Leitgedanken einer unbürokratischen Marktöffnung.

Möglich wurde all dies nur durch veränderte Rahmenbedingungen. Nationalzentrierte und keynesianische Ansätze sowie das bisherige, konsensliberale Modell hatten in den zurückliegenden Krisenjahren allen Glanz verloren. Nicht nur in Großbritannien wandelte sich der Zeitgeist in eine neoliberalere Richtung – dass erweiterter Handel und verstärkter Wettbewerb langfristiges ökonomisches Wachstum, sinkende Verbraucherpreise und neue Arbeitsplätze generieren würden, leuchtete nunmehr vielen ein. Unterstützt wurde die Kommission bei dem Sprung in die vertiefte Integration etwa durch Interessenverbände multinationaler Unternehmen und seitens der Regierungen vor allem durch die britische. Der wirtschaftliche Aufschwung und die überraschende Entspannung des Ost-West-Konflikts seit der zweiten Hälfte der 1980er Jahre trugen ebenfalls dazu bei, die Agenda zu befördern.

Wichtigster Ausdruck und Motor dieses Neuaufbruchs war die 1987 in Kraft getretene Einheitliche Europäische Akte (EEA), der erste große Reformvertrag der EG seit den Römischen Verträgen. Es handelte sich um einen kaum lesbaren Text, der lediglich Veränderungen des bestehenden EWG-Vertrags enthielt, ohne ihn durch etwas grundsätzlich Neues zu ersetzen. Vielmehr machte das Kleingedruckte den Unterschied: Unter anderem weitete die EEA für den Binnenmarkt qualifizierte Mehrheitsentscheidungen deutlich aus. Auch wenn viele Regierungen das eigentlich nicht wollten, relativierte dieser Ansatz den Luxemburger Kompromiss und reduzierte über einen technischen, öffentlich wenig diskutierten Schritt die Souveränität der Mitgliedstaaten merklich. Im Bereich des Binnenmarkts entstand eine Verbundstruktur zwischen Mitgliedstaaten und Gemeinschaft in Form einer tiefgreifenden, wechselseitigen Verflechtung. In seinen Zielen war das nicht revolutionär; die dafür eingesetzten Mittel hatten jedoch transformative Kraft.

Neben dem Binnenmarktprogramm wurde mit der EEA das, was in den letzten 15 Jahren außerhalb der Verträge oder nur teilweise durch sie gedeckt entstanden war, in diese integriert. Das betraf etwa die Umwelt-, die Forschungs- und die Währungspolitik, außerdem institutionell die EPZ und den Europäischen Rat. Ebenfalls auf institutioneller Ebene stärkte die Akte die Mitwirkungsrechte des Europäischen Parlaments. Insgesamt räumte sie auf im institutionalisierten Europa; sie konsolidierte und ordnete das Vorhandene, schuf aber auch die Plattform für weitere Integrationsschritte. Befeuert durch diese Ergebnisse und das Ziel der Verwirklichung des Binnenmarkts bis 1992 fest vor Augen, kam in vielen Kreisen eine neue Euphorie in Bezug auf das Einigungsprojekt auf. Europa stand für ein Wohlstandsversprechen in einer Zeit, in der sich unglaubliche neue Möglichkeiten auftaten.

Langfristig hatte die europäische Einigung jedoch noch weitreichendere Effekte: Die EG-Ebene verknüpfte sich zunehmend mit staatlichen Strukturen und Abläufen, zunächst auf der Ebene der Rechtssetzung, immer mehr aber auch in Bezug auf die Verwaltung. In modernen Staaten sind Verwaltungen tief in die Gesellschaften eingelassen. Indem sich die EG dieser Strukturen bediente, wurde sie immer allgegenwärtiger. Die Europäische Gemeinschaft stabilisierte sich durch diese Prozesse, im Grunde «entstand» sie eigentlich erst dadurch, dass sie sich mit den Administrationen der Mitgliedstaaten immer weiter verflocht. Zugleich kam das einer Transformation der bestehenden staatlichen Strukturen gleich.

Wie sehr sich die Durchdringung der Mitgliedstaaten in der zweiten Hälfte der 1980er Jahre beschleunigte, verdeutlicht die rechtliche Ebene: Von 1958 bis 1987 hatte sich die Zahl neuer Richtlinien und Verordnungen pro Jahr durchschnittlich auf 789 belaufen. Dagegen betrug sie von 1988 bis 1992 ganze 1645, um in der anschließenden halben Dekade wieder auf 1311 zu fallen.

Immer mehr entwickelte sich eine postklassische Form von Souveränität von kooperierenden Staaten in einem teilweise supranational geprägten Rahmen, die manche Experten bereits auf dem Weg zu einer stets weiter ausgreifenden Konstitutionalisierung der EG sahen. Oder, einfacher gesagt: Für Politik, Verwaltung und Wirtschaft wurde die EG zunehmend wichtig.

Die meisten Menschen bemerkten diese Verflechtung der staatlichen Apparate und der Ökonomie jedoch kaum – vor allem, da deren Konsequenzen sie nicht unmittelbar zu berühren schienen. Hier und da regte sich Unmut gegen die Veränderungen des lieb gewonnenen nationalstaatlichen Gehäuses. Letztlich überwog allerdings das Desinteresse, und ein Gespräch über europäische Identität oder über Pro und Contra der Integration blieb weitgehend aus. Sicherlich, in Brüssel und anderswo diskutierte man über die Notwendigkeit, das Projekt Europa demokratisch stärker zu legitimieren. Sehr weit kam man damit jedoch nicht und setzte stattdessen eher auf symbolpolitische Maßnahmen wie eine gemeinsame Flagge.

Seit den 1970er Jahren, vor allem aber im Verlauf der 1980er Jahre, gewann die EG zusätzlich auf einer anderen Ebene an Bedeutung: Stärker als zuvor verstand sie sich als normative Macht, die andere Gesellschaften durch Beitritt in Bezug auf Rechtsstaatlichkeit und Demokratie zu stabilisieren versuchte. Bei der ersten Beitrittsrunde hatte diese Dimension keine Rolle gespielt. Das war bereits wenige Jahre später anders, als sich Mitte der 1970er Jahre die Frage einer Aufnahme von Griechenland, Spanien und Portugal stellte. Als sie sich um Mitgliedschaft in der EG bewarben, hatten die drei Staaten erst kürzlich autoritäre Regime abgeschüttelt. So stellte Griechenland seinen Antrag 1975, lediglich ein Jahr nach dem Ende der Militärdiktatur. Wie immer ging es in den Verhandlungen um ökonomische und sicherheitspolitische Probleme. Darüber hinaus stilisierte sich die EG erstmals als Wertegemeinschaft. Auch der griechische Premier Konstantinos Karamanlis betonte die Konsolidierung der Demokratie als wesentliches Beitrittsmotiv. Hier wie da gab es für dieses Argument taktische Gründe, um Beitrittsgegner von der Notwendigkeit der Aufnahme des vergleichsweise armen, strukturschwachen Staates zu überzeugen. Das zeigte sich etwa in den Niederlanden: Während dort viele die ökonomische Herausforderung der Süderweiterung betonten, unterstrich Ministerpräsident Joop den Uyl die immens politische Aufgabe der EG zur Unterstützung der fragilen Demokratie. Insgesamt spielten Werte und Normen in der Griechenland-Frage eine so zentrale Rolle wie nie zuvor in der EG.

Ähnliches gilt für Spanien und Portugal, die ihre Beitrittsanträge 1977 stellten. Beide Regierungen verstanden dies als Bestätigung des erfolgreichen Übergangs in die Demokratie sowie als Mittel weiterer Stabilisierung. Tatsächlich legte die EG in der Frage höhere Standards an als andere Akteure. So unterstellten etwa viele Menschen in Griechenland den USA, das diktatorische Regime unterstützt zu haben; vor diesem Hintergrund erschien die EG als vielversprechender Partner. Nachdem das normative Argument eine so wichtige Rolle gespielt hatte bei der Aufnahme Griechenlands, war umso naheliegender, auch Spanien und Portugal den Beitritt zu ermöglichen – selbst wenn die ökonomischen Schwierigkeiten hier deutlich größer waren.

All dies schuf die Grundlage dafür, dass die EG wenige Jahre später, als der Eiserne Vorhang zunächst Risse zeigte und dann überraschend schnell zerbrach, wesentlich zur Gestaltung des Übergangs in eine neue Welt beitragen konnte. In der zweiten Hälfte der 1980er Jahre intensivierte die EG ihre Handelsbeziehungen zu den Staaten des Ostblocks, die in deren formeller Anerkennung der EG in den Jahren 1988/89 gipfelte. Hinzu kamen ökonomische Hilfsmaßnahmen für die sich transformierenden Staaten des ehemaligen Ostblocks, etwa im Rahmen des Phare-Programms zur Restrukturierung der Wirtschaft.

Seit den 1980er Jahren hatten ostmitteleuropäische Intellektuelle wie Milan Kundera oder Czesław Miłosz von einer Rückkehr ihrer Gesellschaften nach Europa geträumt. Wenn sie von Mitteleuropa sprachen, kam dies einer Absetzbewegung von der Sowjetunion gleich. Dabei ist interessant, dass sie Europa ins Zentrum ihrer Überlegungen stellten, nicht den Westen oder die Weltgemeinschaft. Mit der EG verfügte dieses Europa im entscheidenden Moment über politische Strukturen, um diese Rückkehr zu erleichtern und in stabile Bahnen zu lenken. Das traf bereits 1990 zu und wird häufig übersehen: Denn mit der deutschen Einheit trat das Gebiet der ehemaligen DDR nicht nur der Bundesrepublik bei, sondern wurde darüber hinaus Teil der EG. Letztere war auf politischer, aber auch auf symbolischer Ebene zentral, um die deutsche Einheit bei den europäischen Partnern Deutschlands akzeptabel zu machen. Ähnliches gilt für die Überwindung des Kalten Krieges in Europa im Allgemeinen. Ohne ihre herausgehobene Rolle in Südeuropa in den 1970er und 1980er Jahren wäre das kaum vorstellbar gewesen. Wie damals stabilisierte die EG nicht nur, sondern konnte zugleich Kraft und Prestige daraus schöpfen, dass diese Länder in Brüssel anklopften. All dies ließ die Rolle der EG enorm anwachsen, was 20 Jahre zuvor kaum jemand für möglich gehalten hätte.

Auch bereits bestehende Bindungen erhielten seit Mitte der 1980er Jahre einen neuen Akzent. Bei der Assoziierung ehemaliger Kolonien hatten Fragen von Demokratie und Menschenrechten ursprünglich keine Rolle gespielt. Mit dem Lomé-Abkommen von 1975 begann sich dies zaghaft zu ändern. Wenn es, wie in Uganda, in der Folgezeit zu unübersehbaren und weltweit kritisierten Menschenrechtsverletzungen kam, dann schränkte die EG ihre Entwicklungshilfe ein. In dem Folgeabkommen Lomé III von 1984 wurden die Menschenrechte erstmals direkt erwähnt; diese Tendenz setzte sich in den späten 1980er Jahren fort. Insgesamt kam es so zu graduellen Verschiebungen: Aus einem primär ökonomischen Projekt wurde eine Gemeinschaft, die sich immer mehr als Wertegemeinschaft verstand und global einen entsprechenden Anspruch erhob.

Solche Debatten wirkten letztlich auf die Ebene der Verträge zurück. Die Präambel der EEA von 1987 betonte die Entschlossenheit der Mitgliedstaaten, «gemeinsam für die Demokratie einzutreten», und unterstrich die Bedeutung der Grundrechte, wie sie in der Europäischen Sozialcharta, einem Abkommen des Europarats von 1961, festgelegt waren. Die nachfolgenden Artikel der EEA füllten den hohen Anspruch zwar kaum mit Leben – dennoch handelte es sich hierbei um ein Bekenntnis, Grundrechte und Demokratie nicht nur von beitrittswilligen und assoziierten Staaten einzufordern, sondern sich auch im Inneren der Gemeinschaft darauf zu verpflichten. So sehr man sich auf die Arbeit des Europarats bezog, drückte sich darin zugleich der Anspruch aus, bezüglich Werten und Normen eine führende Rolle zu spielen.

Der langsame Aufstieg der EG zum führenden Forum westeuropäischer Kooperation ergab sich nicht nur aus dem Verschleiß an Alternativen bezüglich der Potentiale anderer internationaler Organisationen oder einer nationalzentrierten Politik. Er verband sich auch mit einer paradoxen Gegentendenz in ihrem Innern. Genau in der Phase, in der sie sich erstmals in verschiedenen Fragen über einen eher technischen Bereich hinausbewegte und langsam an systemischer Bedeutung gewann, verstärkten sich die zentrifugalen Tendenzen. In den 1970er Jahren führte das nicht nur zu Krisen und Blockaden, wie man sie aus den vorherigen Dekaden kannte. Vielmehr stellte sich ein neues Phänomen ein: Bei besonders weitreichenden Projekten war nur noch ein Teil der Mitgliedstaaten bereit, mitzumachen. Ihre zunehmende Vorrangstellung musste die EG um den Preis differenzierter Integration erkaufen, die man zeitgenössisch mit Begriffen wie Europa «verschiedener Geschwindigkeiten», «variabler Geometrie» oder «à la carte» umschrieb. Einflussreich wurde diese Tendenz erstmals Mitte der 1970er Jahre in der Diskussion über eine gemeinsame Währungspolitik, womit ein Kernbereich staatlicher Souveränität berührt war. Als das EWS 1979 entstand, waren nicht alle Mitgliedstaaten bereit, sich voll und ganz auf das Projekt einzulassen. So wandte etwa Großbritannien die Regelungen für den Wechselkurs nicht an. Bei späteren Erweiterungsrunden gab es dementsprechend keinen Automatismus, dass das jeweilige Land auch dem EWS beitreten musste. Ähnliche Tendenzen zur Differenzierung entstanden in den 1980er Jahren bei Fragen von Terrorismusbekämpfung und allgemein den Anfängen einer europäischen Innenpolitik. Noch klarer trat die Differenzierung beim Schengener Abkommen von 1985 zu Tage, auf dessen Grundlage ein Teil der Mitgliedstaaten ihre Binnengrenzen öffneten. Neben Großbritannien beteiligten sich zunächst Dänemark, Griechenland, Irland und Italien nicht an dem Projekt; insofern umfasste es nur fünf der zehn damaligen Mitgliedstaaten. Je wichtiger die EG wurde, desto schwieriger wurde es, alle Mitgliedstaaten bei allen Fragen an Bord zu bekommen.

Als Teil dieser zentrifugalen Gegentendenz zum damals prägenden Prozess von Vertiefung und Erweiterung lässt sich auch die Entscheidung Grönlands lesen, die EG zu verlassen. Beigetreten war die Insel 1973 als Teil des Königreichs Dänemark. Besonders die EG-Fischereipolitik war für sie jedoch wenig attraktiv und löste schließlich den Wunsch aus, in ein loseres Verhältnis zur Gemeinschaft zu treten. Ab 1985 war Grönland mit der EG deswegen nur noch assoziiert und nicht mehr vollumfänglicher Teil eines Mitgliedstaats. Wie schon das Beispiel von Algerien verdeutlicht Grönland, dass der Brexit nicht das erste Mal war, dass ein Land das Projekt Europa verließ – wobei die Unterschiede zwischen einem großen Mitgliedstaat wie Großbritannien und den beiden durch koloniale Bindungen in die Gemeinschaft gekommenen Gesellschaften nicht zu übersehen sind.

Während sich kaum jemand für Grönland interessierte, richteten sich die Blicke bald nach Maastricht. Nachdem der EWG-Vertrag nach 1957 dreißig Jahre im Wesentlichen unverändert geblieben war, kam es lediglich fünf Jahre nach Inkrafttreten der EEA zu einem neuen Vertrag. Mit dem Fall des Eisernen Vorhangs, der deutschen Einheit und der Auflösung der Sowjetunion änderten sich die europa- und die weltpolitischen Koordinaten einmal mehr grundlegend und erhöhten so den Reformdruck auf die EG ungemein. Der neue geopolitische Kontext beschleunigte Verhandlungen in der Gemeinschaft, die sich oft bereits seit Jahrzehnten hingezogen hatten, und er bildete häufig den Impuls, endlich eine Einigung zu erzielen. Gestalt und Zeitpunkt des Maastrichter Vertrags bildeten so im Wesentlichen das Ergebnis jener dramatischen Übergangsphase am Ende des Kalten Krieges, wiewohl die mit Maastricht verbundene Agenda an vieles anknüpfte, was sich spätestens seit den frühen 1980er Jahren entwickelt hatte.

Vor dem Hintergrund dieses Zusammenflusses längerer Entwicklungen und turbulenter weltpolitischer Veränderungen in kürzester Zeit erschien die Gemeinschaft nun als zentrales Instrument, um für Westeuropa den Übergang in eine Zeit nach dem Kalten Krieg zu gestalten. Mit Maastricht wandelte sich die EG zur Europäischen Union. Der am 7. Februar 1992 unterzeichnete Vertrag ging über das Programm der EEA deutlich hinaus. Er schuf eine Struktur mit drei Säulen, von denen die erste die Europäische Gemeinschaft mit dem Binnenmarkt, der Agrarpolitik, aber zum Beispiel auch Euratom umfasste. Teil dieser Säule war zudem das Projekt einer Wirtschafts- und Währungsunion, was einerseits auf jahrzehntelangen Debatten aufbaute, zugleich jedoch das Potential hatte, die Integration weit über das Bestehende hinauszukatapultieren. Dass die lange so gewichtige Agrarpolitik nunmehr nur noch Teil einer Säule war, verdeutlichte zugleich, dass sie ihre vormals so herausragende Stellung für die EU verloren hatte.

Die Verhandlungen über dieses Reformprogramm setzten auf Spitzenebene Ende 1989 ein und waren auf das Engste mit der Frage der deutschen Einheit verzahnt, die nicht nur bei der britischen Premierministerin Margaret Thatcher, sondern auch in anderen Hauptstädten Befürchtungen vor einem überstarken Deutschland weckte.

In den Unterredungen zwischen Kohl, Mitterrand, Thatcher und anderen bildete sich 1990 ein klarer Zusammenhang heraus. Vertiefte europäische Integration sollte demnach die deutsche Einheit akzeptabler machen, indem man Deutschland stärker europäisch einband und so nationalen Alleingängen einen Riegel vorschieben wollte. In Brüssel vertrat Kommissionspräsident Delors diese Strategie. Zugleich hatte sie in Bundeskanzler Helmut Kohl einen ihrer wichtigsten Anhänger und wurde Deutschland keineswegs von außen auferlegt. Der sich herausbildende Konsens auf der internationalen Spitzenebene, dem die öffentliche Debatte angesichts der dramatischen Umbrüche kaum nachkam, machte so den Weg zum Euro grundsätzlich frei.

Allerdings blieb besonders bei diesem währungspolitischen Herzstück des Vertrags vorläufig vieles offen: Der Euro sollte erst bis Jahresbeginn 1999 in mehreren Stufen umgesetzt werden. Einmal mehr handelte es sich um eine Projektion in die Zukunft, nicht um ein sofort umgesetztes Programm. Zugleich hatte das Vereinigte Königreich unter Thatchers Nachfolger John Major eine Opt-out-Klausel erwirkt, da man dort diesem stark supranational angelegten Projekt skeptisch gegenüberstand. Dieses Zugeständnis war notwendig, um ein britisches Veto zu verhindern; zugleich hielt die Klausel die Möglichkeit einer britischen Beteiligung durchaus offen. Die dänische Regierung erwirkte eine ähnliche Regelung für ihr Land. Auch hier zeigte sich: Je mehr auf dem Spiel stand, desto unwahrscheinlich war es, dass alle Partner mitmachen würden.

Als zweite Säule sah der Vertrag eine Gemeinsame Außen- und Sicherheitspolitik vor, welche an die langjährigen Erfahrungen mit der EPZ anknüpfte, sie auf eine neue juristische Basis stellte und erstmals direkt das Ziel einer «gemeinsamen Außen- und Sicherheitspolitik» festlegte. Bezüglich der dritten Säule, zur polizeilichen und justiziellen Zusammenarbeit, gab es ebenfalls einen längeren Vorlauf. Was sich lange außerhalb der Gemeinschaft entwickelt hatte, wurde nun neu gebündelt und weitergeführt. Zugleich blieb das Erreichte hinter dem Projekt einer Politischen Union deutlich zurück, welche etwa die deutsche Regierung unter Kohl neben die Wirtschafts- und Währungsunion hatte stellen wollen.

Wie bei jeder großen Einigung handelte es sich beim Maastrichter Vertrag um einen Kompromiss. Die neu geschaffene Europäische Union stellte eine erste Antwort auf die friedenspolitische Herausforderung am Ende des Ost-West-Konflikts dar. Der Vertrag brachte allerdings nicht die Osterweiterung selbst, und er machte die EU auch nicht hinreichend fit für einen derartigen Schritt. Insofern reflektierte er die bisherigen Dekaden der Zusammenarbeit in Westeuropa und die schockartigen Veränderungen, die sich mit 1989 verbinden. Er baute aber noch kein tragfähiges Gerüst für eine Union jenseits des Eisernen Vorhangs. Er wies jedoch in diese Richtung und signalisierte den Anspruch der EU, bei der Gestaltung der neuen Welt eine wesentliche Rolle spielen zu wollen.

Wenngleich der Maastrichter Vertrag bis heute durch das Modell eines antiken Tempels mit drei tragenden Säulen visualisiert wird, glich die damit geschaffene Union eher einem bereits in die Jahre gekommenen Haus mit vielen Umbauten; mit später hinzugefügten oder zugemauerten Fenstern und Zimmern sowie lose angebundenen Außenbereichen. Sie war das genaue Gegenteil eines klaren architektonischen Entwurfs, und wahrscheinlich machte genau dies sie so bedeutungsvoll und krisenresistent. Statt auf einen einheitlichen Willen stößt man häufig auf ein spannungsreiches Handlungsgeflecht unterschiedlicher Akteure. Vertreter verschiedener Staaten trafen aufeinander, wobei nationale Zugehörigkeit keineswegs immer den bestimmenden Faktor bildete. Manchmal war vielmehr die politisch-weltanschauliche Zugehörigkeit ausschlaggebend: Föderalisten, Technokraten, Christlich-Konservative, Sozialdemokraten und viele mehr gaben sich ein Stelldichein, und dasselbe gilt für Vertreter verschiedener Generationen mit ihren jeweiligen Erfahrungsräumen und Erwartungshorizonten. So wurde die EU zur Bühne, auf der sich Aushandlungsprozesse zwischen Regierungen und Dramen der internationalen Politik vollzogen. Auch nichtstaatliche Akteure, wie große Unternehmen verschiedener Wirtschaftszweige, der Journalismus oder die Gewerkschaften, hinterließen ihre Spuren. In anderen Fragen wurde die EU zu mehr als nur der Plattform oder dem Instrument nationaler Interessen. Dann gelang es ihr häufig genau aufgrund ihrer Vielschichtigkeit, mehr als die Summe der Positionen ihrer Mitgliedstaaten darzustellen und einen eigenständigen Kurs zu verfolgen. Deswegen erinnert die EU manchmal an eine von den mächtigen Mitgliedstaaten gespielte Marionette, hin und wieder an Superman, und gelegentlich glich sie dem, was der Schriftsteller Robert Musil in seinem *Mann ohne Eigenschaften* beschrieb: einem Akteur mit viel Potential und Möglichkeitssinn auf der Suche nach einer sinnvollen Existenz.

Das alles unterstreicht, wie unwahrscheinlich der Aufstieg der EG und schließlich der EU zum bedeutendsten internationalen Forum in Westeuropa lange blieb. Es gab keinen Masterplan, laut dem sie mit der Zeit zur Leitorganisation aufgepäppelt werden sollte, von den Erfahrungen anderer und einer Art Arbeitsteilung auf internationaler Ebene profitieren sollte und

Rivalen ins Glied zu verweisen hatte. All dies kam erst in einer Vielzahl von Verhandlungen und hart ausgefochtenen Verteilungskämpfen langsam zustande. Aus ihnen ging das Projekt Europa keineswegs immer – aber erstaunlich oft – als Gewinnerin hervor; besonders in jener Phase dramatischer Umbrüche von Mitte der 1980er Jahre bis zum Maastrichter Vertrag. Aufbauend auf Prozessen der beiden davorliegenden Dekaden begann sie fortan, ihre Mitgliedstaaten wesentlich zu prägen und auf deren Wohl und Wehe erstmals systemischen Einfluss zu nehmen.

## IV. Das Freiheitsprojekt: 1992–2009

Das Ende des Kalten Krieges setzte in Europa Energien frei, die den Einigungsprozess beflügelten. Jener Weg, der sich in der vorhergehenden Transformationsphase herausgebildet hatte, wurde dadurch bestätigt und verfestigte sich weiter. Der Euro, Schengen, mehrere Erweiterungsrunden sowie weitere Schritte standen nicht mehr nur für einen quantitativen Kompetenzzuwachs sowie ein geographisches Ausgreifen der EU. Vielmehr gaben sie der europäischen Einigung eine neue Qualität, die den Menschen zunehmend deutlich wurde. Seit den frühen 1990er Jahren kam es deswegen zu einer grundlegenden Politisierung der Europäischen Union – unter diesem neuen Namen firmierte das Einigungsprojekt seit dem Maastrichter Vertrag von 1992. Bis dahin war europäische Integration in spezifischen Phasen, Fragen oder Regionen zum Gegenstand intensiver politischer Debatten geworden, wie während des britischen Mitgliedschaftsreferendums 1975, in Bezug auf die Landwirtschaft oder seit den 1970er Jahren auf der iberischen Halbinsel und in Griechenland. Nunmehr erfassten politische Konflikte um die EU breitere Bevölkerungskreise und diese Politisierung prägte den Einigungsprozess grundsätzlich. Dies unterscheidet die Zeit seit den frühen 1990er Jahren fundamental von dem politischen und gesellschaftlichen Umfeld, in dem sich die europäische Integration bis zum Ende des Kalten Krieges vollzogen hatte.

### 1. Neuaufbrüche unter ökonomischen Vorzeichen

Das neue Europa, ein Freiheitsprojekt? Weiterhin diente europäische Einigung vielerlei Zielen. Aber mehr als für die Dekaden zuvor lässt sich für jene knapp 20 Jahre von den frühen 1990er bis in die späten 2000er Jahre ein spezifischer Kurs erkennen: Die Vorzeichen standen auf dem, was der Soziologe Andreas Reckwitz in einem anderen Zusammenhang apertistischen Liberalismus genannt hat. Dieser Ansatz strebte weitgehende wirtschaftliche und soziale Öffnung und Grenzüberschreitung im Innern an, was tendenziell, jedoch nicht immer, in Richtung einer neoliberalen Politik führte, die im Wesentlichen um Fragen der Ökonomie kreiste. Getragen wurde dieser Kurs durch einen weitgehenden ordnungspolitischen Konsens, laut dem eine angebotsorientierte Wirtschafts- und Finanzpolitik, eine weitere Liberalisierung des grenzüberschreitenden Austauschs, die Privatisierung öffentlicher Unternehmen sowie ein Rückbau der Kosten für den Sozialstaat die besten Mittel der angestrebten Öffnung seien. All dies passte in eine Zeit, in der sich Globalisierung weltweit zu einem politischen Leitbegriff entwickelte und die Verheißung auf mehr Wohlstand als Schrumpfform einer gesellschaftspolitischen Utopie den politischen Diskurs prägte. Allerdings hatte der Öffnungskurs klare Grenzen; besonders nach außen kam es zu neuen Formen von Abschottung. Zugleich wollten viele die sozialen, ökologischen, politischen sowie letztlich auch die ökonomischen Kosten dieses Ansatzes lange nicht sehen.

Für apertistischen Liberalismus stand in besonderem Maße der Euro, der in dieser Phase die meiste Aufmerksamkeit auf sich zog. Die sogenannte Wirtschafts- und Währungsunion baute auf den währungspolitischen Integrationsmaßnahmen seit den 1970er Jahren auf. Sie hob diese aber auf eine ganz neue Ebene, indem an die Stelle der bisherigen Vielfalt eine gemeinsame Währung treten sollte. Der erste der drei Schritte, mit dem das

Programm umgesetzt wurde, trat bereits im Juli 1990 und damit vor dem Maastrichter Vertrag in Kraft. Auf dieser Basis wurde der Geld- und Kapitalverkehr zwischen den beteiligten Staaten massiv liberalisiert. Zum Jahresbeginn 1994 setzte die zweite Stufe ein, die den Aufbau der Vorläuferinstitution der Europäischen Zentralbank (EZB) sowie ökonomische Reformen in den Mitgliedstaaten einleitete, um die bald berühmt-berüchtigten Maastrichter Kriterien zu erfüllen. Diese sahen feste Obergrenzen für Inflationsrate, Haushaltdefizit, den Stand der öffentlichen Schulden, die Entwicklung der Zinssätze und die Währungsstabilität vor. 1998 folgte der Aufbau der EZB selbst. Die dritte Stufe begann zum Jahresbeginn 1999. Elf der 15 EU-Staaten, darunter alle sechs Gründerstaaten, führten nun den Euro als Buchgeld ein; exakt drei Jahre später außerdem als Bargeld. Von Galway bis Graz und von Lappland bis Lampedusa waren fortan dieselben Scheine und Münzen im Umlauf – eine ökonomische und logistische Herausforderung, welche die Mitgliedstaaten erfolgreich meisterten.

Auf diesem rund zehnjährigen Weg fielen viele Entscheidungen über die konkrete Ausgestaltung der gemeinsamen Währung. Vor allem in der ersten Hälfte der 1990er Jahre schien ein Abbruch des Experiments immer wieder möglich. Auch danach stand lange nicht fest, welche Staaten dem Euroclub angehören würden. Ökonomische Turbulenzen machten es knifflig, die Kriterien zu erfüllen; phasenweise spekulierten die Märkte auf ein Scheitern der Einheitswährung. Lösungen fanden sich häufig erst, wenn die Spitzenebene das Ruder übernahm, wobei der Kooperation zwischen Bundeskanzler Kohl und dem französischen Präsidenten Mitterrand bzw. ab 1995 seinem Nachfolger Jacques Chirac besondere Bedeutung zukam. Kompliziert war die Lage vor allem 1992/93, als eine internationale Währungskrise die vertragsmäßig notwendige Annäherung der Währungspolitiken der Mitgliedstaaten erschwerte. Denn als die Bundesbank, nicht zuletzt aufgrund der Kosten der deutschen Einheit, im Juli 1992 ihre Leitzinsen anhob, stürzten die Devisenmärkte ab, mit dramatischen Auswirkungen für die Nachbarstaaten. Die zunehmende Verkettung der Währungen mit entsprechenden

Implikationen für die nationalen Wirtschaftspolitiken forderte ihren Preis. Das galt besonders aufgrund des Kriteriums, dass das jährliche Haushaltsdefizit nicht mehr als drei Prozent des Bruttoinlandprodukts betragen durfte. Staatliche Programme und Haushalte mussten vor diesem Hintergrund immer wieder beschnitten werden. Der 1997 vereinbarte Stabilitäts- und Wachstumspakt verstärkte diese Tendenz: Aufbauend auf einem Vorschlag des deutschen Finanzministers Theo Waigel beschloss der Rat der EU, dass nationale Verstöße gegen die finanzpolitische Disziplin mit Geldbußen geahndet werden konnten. Insgesamt kam die Einführung der Einheitswährung einem immensen Kraftakt gleich, der die Mitgliedstaaten nicht nur enger zusammenschweißte, sondern auch neue Spannungen und Zielkonflikte erzeugte.

Dieser Öffnungskurs mit seinen neoliberalen Anteilen vollzog sich somit nicht von selbst, sondern im Zusammenspiel mit einer Neujustierung der ordnungspolitischen Rahmenbedingungen in den Mitgliedstaaten, die Ländern wie Italien große Opfer abnötigte. In diesem Prozess verknüpften sich Deregulierung, Privatisierung und der Rückbau des Sozialstaats mit dem Ziel der europäischen Währung. Immer wieder diente Europa als Argument, um als verkrustet wahrgenommene gesellschaftliche Strukturen aufzubrechen. Der Euro erhöhte den Wettbewerbsdruck und sollte dazu beitragen, die eigenen Unternehmen im globalen Kontext kompetitiver zu machen. So wurde die gemeinsame Währung bereits in der Vorbereitungsphase zu einem Faktor, durch den die beteiligten Staaten einen wichtigen Teil ihrer Souveränität auf die supranationale Ebene verlagerten und akzeptierten, dass sie als Nationalstaaten fortan weniger Einfluss auf ihre Wirtschaftsentwicklung nehmen konnten. Die Folgen für die betroffenen Gesellschaften waren tiefgreifend, und mehr als je zuvor verband sich das Schicksal der Volkswirtschaften besonders in der Eurozone mit dem der Union als Ganzes.

Der Euro entwickelte sich so zunehmend zur zweiten Herzkammer der EU neben dem Binnenmarkt. Beide Projekte waren eng aufeinander bezogen, da eine stabile Währung den Handel deutlich erleichtert und planbarer macht. Allerdings galt es auch,

Richtungsentscheidungen zu treffen. Anders als beim Binnenmarkt blieb beim Euro die Rolle der Kommission institutionell nachrangig. Und, viel wichtiger noch: Inhaltlich waren mehrere Mitgliedstaaten bis dahin dem Ansatz gefolgt, Währungspolitik als aktives Instrument der Finanz- und Wirtschaftspolitik einzusetzen. Auf- und Abwertungen dienten hier als gestaltendes Mittel, um die Stellung der eigenen Volkswirtschaft im internationalen Wettbewerb zu stärken. Während diese Denkschule etwa die französische Währungspolitik prägte, hatte man in Deutschland eine andere Lehre aus der Geschichte gezogen. Nicht die Deflationserfahrung der 1930er Jahre, sondern die Inflationen und Währungsreformen von 1923 und 1948 bildeten hier die entscheidende historische Referenz. So gehörte es zur Erfolgsgeschichte der Bundesrepublik, die Unabhängigkeit der Bundesbank großzuschreiben und auf Geldwertstabilität zu setzen. Nur unter diesen Bedingungen war Bonn am Ende des Kalten Krieges bereit, die DM zu opfern. Diesen Kurs konnte Kanzler Kohl für den Euro durchsetzen. Beton gewordener Ausdruck dieser Richtungsentscheidung war die Wahl des Sitzes der Europäischen Zentralbank in Frankfurt – nicht nur, weil die Mainmetropole in Deutschland liegt, sondern auch fernab der Hauptstädte mit ihren politischen Machtfeldern und stattdessen nah am Marktgeschehen.

In wichtigen Fragen war das gemeinsame Währungsprojekt dennoch von Anfang an eher von politischem Willen als von ökonomischer Expertise getrieben. Bei den im Maastrichter Vertrag festgeschriebenen Konvergenzkriterien stand Erreichbarkeit vor ökonomischer Solidität, so beschwerlich das Erfüllen der Vorgaben für die Mitgliedstaaten blieb. Ähnlich entschied die EU bezüglich der Aufnahmekandidaten. Besonders traf dies für Griechenland zu: Hatte man seinen Beitritt zum Euro zunächst verschoben, da das Land die Kriterien nicht erfüllte, trat es dem Euro zwei Jahre nach dessen Gründungsmitgliedern zum 1. Januar 2001 – und damit noch vor der symbolträchtigen Bargeldeinführung – bei. Grundlage dafür waren jedoch gefälschte Angaben zum griechischen Haushaltsdefizit, wie sich später herausstellte. Die italienische Regierung zeigte großen

Reformwillen, hantierte gleichwohl ebenfalls mit geschönten Zahlen, was in den anderen Hauptstädten kein Geheimnis war. In Belgien sah es kaum besser aus, aber auch in Deutschland griff man in die Trickkiste, um die Zielwerte zu erreichen. Politischer Wille, den Einigungsprozess zu vertiefen und zumindest alle Gründungsmitgliedstaaten an Bord zu haben, stach ökonomische Bedenken aus. Parallel dazu triumphierte in den Hauptstädten das Prestigedenken, diesem exklusiven Club angehören zu wollen, häufig über eine Analyse der damit verbundenen Kosten.

Als weiteres Problem kam mittelfristig hinzu, dass ausgerechnet Deutschland – und daneben Frankreich – von 2002 bis 2005 regelmäßig gegen die Haushaltskriterien verstieß. Darüber hinaus sorgten die beiden Schwergewichte der Eurozone dafür, dass die Strafen für solche Regelverstöße deutlich aufgeweicht wurden. Insofern wurde die eigentlich verfolgte Stabilitätskultur von Anfang an unterspült und dem Öffnungsgedanken untergeordnet – mit mittelfristig negativen Folgen für alle Beteiligten.

Gleichwohl schien der Euro in seinen ersten zehn Jahren für viele Mitgliedstaaten klare Vorteile zu bringen: Bis dahin waren die Währungen der anderen Länder aufgrund der Vormachtstellung der Deutschen Mark faktisch von der Bundesbank abhängig gewesen – nun hingegen konnten sie an Entscheidungen stärker teilhaben. Die gemeinsame Währung erleichterte den Handel und ermöglichte es Staaten mit vormals geringerer Stabilitätsorientierung, vergleichsweise billig Geld an den internationalen Finanzmärkten aufzunehmen. Für einige Jahre befeuerte dies die Konjunktur in Ländern wie Spanien und Irland, mit Einschränkungen auch in Italien und Griechenland – von den langfristigen Folgen wird im nächsten Kapitel die Rede sein. Gab der Außenwert der gemeinsamen Währung gegenüber dem Dollar zunächst spürbar nach, erholte er sich ab 2003 merklich.

Etwas Anderes war noch bedeutsamer: Ihrer primären Aufgabe, die Stabilität des Euro nach innen zu sichern, konnte die EZB gerecht werden; die Inflationsrate blieb gering, und von 1995 bis 2008 stieg der Handel innerhalb der EU um mehr als das Zweieinhalbfache an. Das lag natürlich nicht nur am Euro, er trug jedoch wesentlich dazu bei. Somit erfüllte er viele der mit ihm verbundenen Hoffnungen, und zugleich entsprach das ihm zugrundeliegende Modell ganz dem ökonomischen Ansatz der Zeit: Die gemeinsame Währung erschien als das geeignetste Mittel, um Wohlfahrtsgewinne zu erzielen und Unterschiede zwischen den Mitgliedstaaten auszugleichen. Zugleich brachte der Euro einen gewissen Abschluss nach außen: Durch die gemeinsame Währung wurden die Ökonomien der Mitgliedstaaten weniger von Schwankungen des Dollar beeinflusst. Insgesamt machte sich die EU so von den USA als Hegemonialmacht im ökonomischen Bereich etwas unabhängiger.

Während der Euro auf Grundlage des Maastrichter Vertrags trotz tiefer Krisen das Licht der Welt erblickte, hielt die damals ebenfalls diskutierte Wirtschaftsunion damit nicht Schritt. Häufig kritisierten Experten, dass das Fundament der gemeinsamen Währung durch eine fehlende engere Integration im weiteren Bereich der Wirtschaft auf Sand gebaut sei. Die Ökonomien der beteiligten Staaten seien zu disparat, was Zielkonflikte oder unerwünschte Nebeneffekte bei währungspolitischen Maßnahmen nach sich ziehe. Solche Positionen verhallten jedoch angesichts der Erfolge, die der Euro feierte. Was offiziell Wirtschafts- und Währungsunion hieß, blieb insofern Torso. Mehr noch galt dies für jene tiefgreifende politische Union, die etwa Helmut Kohl ergänzend zur ökonomischen Integration vorgeschwebt hatte.

Ebenso symbolträchtig und durchgreifend war die Öffnung in einem anderen Bereich: dem Abbau der Grenzkontrollen im Innern der Gemeinschaft. Das Schengener Abkommen stammte von 1985; seit 1995 fielen die Grenzen zwischen den daran beteiligten Staaten wirklich. Hauptgrund für die Verzögerung waren die technischen und logistischen Probleme dieses Schrittes, die man zunächst unterschätzt hatte. Bereits in der frühen Nachkriegszeit hatten Aktivisten Grenzbarrieren gestürmt, um für ein vereintes Europa zu demonstrieren. Nun wurden die offenen Grenzen zu einem Symbol für das Europa der EU – wenngleich sich ähnlich wie beim Euro keineswegs alle Mitgliedstaaten an diesem Vorhaben beteiligten. Zugleich steht auch Schengen für die damals dominante Überzeugung, dass offene Märkte die

Wirtschaft beflügeln und zu mehr Wohlstand für alle führen. Weitere Effekte waren demnach ein vertiefter Zusammenhalt der Mitgliedstaaten und gesellschaftliche Stabilität. Ängste vor Überfremdung oder einer drastischen Zunahme der Kriminalität machten zwar die Runde, setzten sich allerdings nicht durch. Bald schon wurde das grenzüberschreitende Reisen für viele zur Selbstverständlichkeit – so, als hätte es Barrieren nie gegeben. Schengen und der Euro waren beides zugleich: Antworten der EU auf die Globalisierung, aber auch Beiträge, diese weiter voranzutreiben.

Schengen machte schnell Schule. Zu seinen fünf Gründerstaaten stieß bald eine lange Reihe weiterer Länder hinzu. Nie umfasste dieses Projekt alle EU-Staaten; allerdings traten Norwegen, Island und die Schweiz ebenfalls bei, wiewohl sie gar nicht Teil der EU waren. Als Ende 2007 zudem Malta sowie Polen, Tschechien und sechs weitere ostmitteleuropäische EU-Staaten in das Schengen-System aufgenommen wurden, sprach der polnische Regierungschef Donald Tusk von einem «Triumph der Freiheit». Die Trennlinie des Kalten Krieges schien vollends überwunden.

Zugleich kannte die Öffnung unter dem Banner von Schengen weiterhin klare Grenzen. So kontrollierten die Schengen-Staaten ihre Außengrenzen künftig intensiver und ihre Polizei- und Justizbehörden arbeiteten grenzüberschreitend eng zusammen. Ihr eigens eingerichtetes Informationssystem zur automatisierten Personen- und Sachfahndung mit seinen umfangreichen Datenbanken bildete dabei einen wesentlichen Baustein. Die Tendenz hin zur Öffnung war somit nie bedingungs- und grenzenlos. Was das hieß, mussten 1995 etwa die Menschen in Polen feststellen, denn hier wurden die Grenzen durch Schengen zunächst weniger durchlässig, bis ihr Land ein Dutzend Jahre später selbst diesem Club beitrat. Noch deutlicher traf dies für Staaten zu, die eindeutig außerhalb der EU und der Schengener Gruppe lagen. Seit 2004 überwachte die sogenannte FRONTEX-Agentur in Zusammenarbeit mit den Mitgliedstaaten die Außengrenzen, was nicht zuletzt auf eine gemeinsame Abwehr undokumentierter Einwanderung zielte.

Damit eng verbunden waren die Anstrengungen, ein gemeinsames Asylsystem aufzubauen. So wie die luxemburgische Gemeinde Schengen mit der Grenzfrage assoziiert wird, ist seit 1990 das irische Dublin mit dem Regelwerk der EU für Migration und Asyl verknüpft; mehr noch gilt das durch die Folgeverordnungen seit den 2000er Jahren. Laut der Dublin-II–Verordnung von 2003 wurde dasjenige Land für ein Asylverfahren zuständig, in dem eine Migrantin oder ein Migrant erstmals EU-Boden betritt. Die Hauptlast trugen in diesem Zusammenhang die Mittelmeerländer der Union. Zugleich war immer klar, dass offene Grenzen nicht für alle Menschen gleichermaßen gelten sollten.

Insgesamt ging so ein Freiheitsgewinn, der eng an die Logik des Binnenmarktes gekoppelt war, mit einem Abschluss nach außen und tief gestaffelter, europäischer Durchdringung und Kontrolle Hand in Hand. Letztere bekamen nicht nur transnational agierende Kriminelle zu spüren, sondern zum Beispiel auch undokumentierte Migrantinnen und Migranten in der EU, deren Probleme sich durch Schengen weiter verschärften. Die aus Senegal stammende Frauenaktivistin Madjiguène Cissé, die Mitte der 1990er Jahre die *Sans Papiers*-Bewegung in Frankreich anführte und transnational zu vernetzen half, war keineswegs allein, wenn sie die «Festung Europa» kritisierte.

In einem anderen Sinne konnte das Europa der EU dagegen kaum als Festung gelten: Maastricht und die Folgezeit sahen zwar den Ausbau der Gemeinsamen Außen- und Sicherheitspolitik (GASP), doch blieb diese hinter den Erwartungen deutlich zurück. Wenn der Binnenmarkt und der Euro fortan die beiden Herzkammern der EU bildeten, dann stellte die GASP neben Schengen einen zweiten Vorhof dar. Hier war das Blut jedoch, um im Bild zu bleiben, sauerstoffärmer als in den anderen drei Teilen.

Auch die GASP entstand in Maastricht nicht aus dem Nichts heraus, sondern hatte in der Europäischen Politischen Zusammenarbeit einen längeren Vorlauf seit den 1970er Jahren, der durch die EEA bereits weiterentwickelt worden war. Auch künftig blieb dieses Politikfeld intergouvernemental organisiert –

wichtige Beschlüsse bedurften der Einstimmigkeit. Das letzte Wort hatten also nach wie vor die Mitgliedstaaten, die in dem Bereich anders als bei ihren Währungen und den Grenzen nicht bereit waren, massiv Souveränität an die EU abzugeben.

Trotz dieser Einschränkung trat die EU mit der GASP stärker als zuvor auf der internationalen Bühne auf und formulierte gemeinsame Positionen zu bewaffneten Konflikten, in Menschenrechtsfragen und anderem mehr. Sie zog damit die Lehre daraus, dass die EG im Irakkrieg von 1990/91 keine Rolle gespielt hatte. Aber auch im Rahmen der GASP blieb es häufig bei Worten – nicht zuletzt aufgrund der geringen sicherheitspolitischen Kapazitäten der EU. Das zeigte sich in den Kriegen in Ex-Jugoslawien der 1990er Jahre, in denen die NATO und insbesondere die USA, nicht aber die Europäische Union zu den entscheidenden Spielern bei der Befriedung der Konflikte wurden. Die gemeinsamen Instrumente der Union erwiesen sich als unzulänglich, was zu weiteren Reformen führte. Um ihre außenpolitische Statur zu stärken, schuf die EU zum Beispiel 1999 das Amt des Hohen Vertreters für die GASP, das in dieser Form genau eine Dekade existierte und fast für den gesamten Zeitraum in den Händen des Spaniers Javier Solana lag. Die Mitgliedstaaten unterstrichen jedoch, dass es sich weiterhin um einen zwischenstaatlichen und nicht einen überstaatlichen Politikbereich handelte, weswegen der Hohe Vertreter dem Ministerrat zugeordnet war, nicht der Kommission – dort gab es weiterhin einen eigenen Kommissar für das Portfolio. Das Europa der EU sprach weltpolitisch somit mit mehr als einer Stimme, und seine Schlagkraft blieb begrenzt. Waren die Außen- und Sicherheitspolitik traditionell Stiefkinder europäischer Einigung gewesen, änderte sich in dieser Phase daran wenig.

Ansätze dazu gab es durchaus. Verteidigungspolitisch beschloss zum Beispiel der Europäische Rat 1999 als Vertiefung des Maastrichter Regelwerks eine Europäische Sicherheits- und Verteidigungspolitik, inklusive des Vorhabens, bis 2003 eine schnelle Eingreiftruppe von 60 000 Soldaten zur internationalen Konfliktverhütung und Krisenbekämpfung zu errichten. Das misslang jedoch, da sich die Regierungen in sicherheitspolitischen

Fragen häufig uneins blieben – ein Problem, das 2003 weltweit Schlagzeilen machte und die Grenzen der Kooperation zwischen den beteiligten Staaten deutlich aufzeigte: Als die USA eineinhalb Jahre nach dem Terroranschlag vom 11. September 2001 einen Koalitionskrieg gegen den Irak begannen, spaltete dies die EU zutiefst. Während etwa Belgien, Deutschland und Frankeich eine Teilnahme kategorisch ablehnten, beteiligten sich nicht nur Großbritannien, Italien und Spanien an der «Koalition der Willigen», sondern auch das Gros der damaligen EU-Beitrittskandidaten aus Ostmitteleuropa. Ein tiefer Riss zog sich durch Europa, was umso mehr galt, da es in den kriegsbeteiligten Staaten häufig zu zivilgesellschaftlichem Protest gegen den Regierungskurs kam. Der Irakkrieg wurde so nicht nur aufgrund seiner äußerst fragwürdigen völkerrechtlichen Basis und wegen des Bürgerkriegs, der ihm folgte, weltpolitisch zum Desaster. Für das Projekt einer schlagkräftigen, gemeinsamen Sicherheits- und Verteidigungspolitik der EU stellte er ebenfalls eine tiefe Niederlage dar und überschattete andere Entwicklungen, wie etwa die vergleichsweise reibungslose EU-Mission in Bosnien-Herzegowina mit ihren polizeilichen und zivilen Komponenten.

Allgemein erwies sich die «soft power» der EU zumeist als wichtiger als ihre militärischen Kapazitäten. Wenn die Europäische Union Wirkung entfaltete, dann vor allem als Zivilmacht, die sich global für Rechtsstaatlichkeit, Multilateralismus, den Aufbau administrativer Strukturen, Demokratie und Menschenrechte einsetzte. «Good governance» – als typischer Begriff für die Zeit – prägte die 2003 aufgelegte Nachbarschaftspolitik. Aber auch in Afrika oder Asien führte die EU zahlreiche zivile Missionen durch, und in diesem Rahmen konnte sie für sich eine neue Rolle in der Welt reklamieren und wurde stärker als je zuvor als globale Akteurin wahrgenommen. Im Bereich der Entwicklungshilfe vergab die Europäische Kommission in den frühen 2000er Jahren rund 12 Prozent aller internationalen finanziellen Hilfen und band diese stärker als zuvor an die Einhaltung von Standards in Bezug auf Demokratie, Menschenrechte und anderem mehr.

Parallel dazu intensivierte die EU ihre Beziehungen zu internationalen Organisationen in anderen Weltgegenden, wie ASEAN in Südostasien. Sie baute außerdem neue auf, etwa zu dem 1991 geschaffenen südamerikanischen Handelsblock MERCOSUR. Dabei stellten handelspolitische Fragen jeweils einen Schwerpunkt dar, der durch die Liberalisierungsagenda des GATT im Rahmen der sogenannten Uruguay-Runde (1986–1994) noch verstärkt wurde. Dabei verstand die EU sich selbst gerne als Vorbild für andere Anläufe regionaler Integration, förderte deren Entwicklung und unterstrich zugleich ihr handelspolitisches Gewicht auf globaler Ebene – auch im Rahmen der 1994 als Nachfolger des GATT gegründeten Welthandelsorganisation.

Die Größe ihres Binnenmarktes machte die EU zu einem zunehmend wichtigen Partner. Vor allem in diesem Sinn entwickelte sich die EU zu einer Zivilmacht und seit den 1990er Jahren immer mehr zum globalen Hegemon auf regulatorischer Ebene. Wegen der Attraktivität, die der Zugang zu ihrem Markt besaß, nahm sie auf die Standards zur Honigproduktion in Brasilien ebenso Einfluss wie auf die Chemikalien in japanischen Spielzeugen. Wenngleich die EU sich den Multilateralismus auf die Fahnen schrieb, handelte sie in diesem Bereich häufig unilateral und legte dabei hohe Maßstäbe in Bezug auf Umwelt-, Hygiene- und andere Fragen an. Dieser «Brüssel-Effekt» (Anu Bradford) blieb weitgehend unsichtbar. Über keinen anderen Hebel hat die EU seit den 1990er Jahren der Welt so sehr ihren Stempel aufgedrückt.

Das soll nicht heißen, dass ihr Modell global Schule machte oder alternativlos blieb. Darüber hinaus zeichnete es sich durch zahlreiche Inkonsistenzen aus, da die EU etwa auf Werte gegenüber Myanmar deutlich härter insistierte als im Falle Chinas – aus kleinsten Anfängen wurde der Handel mit China in dieser Zeit immer wichtiger, während das relative Gewicht des transatlantischen Handels in den 1990er und 2000er Jahren an Bedeutung verlor. Allgemein standen die wertorientierten Positionen der EU nicht selten in Konflikt mit ihren ökonomischen Interessen, und dabei gewannen Letztere immer wieder die Oberhand. So konterkarierten zum Beispiel die handelspolitischen Auswirkungen der protektionistischen Agrarpolitik das Liberalisierungscredo. Gerade in Ländern des globalen Südens wirkte die EU nicht so sehr als Zivilmacht, sondern als ökonomischer Koloss, der seine eigenen Interessen mit harten Bandagen in Bezug auf Handel, Migration, Asyl und Weiteres durchsetzte.

Unabhängig davon, wie man ihre Wirkung bewertet, trat die EU in dieser Phase im zivilen Bereich stärker als je zuvor als Akteurin der globalen Politik auf. Dies gelang ihr auch, weil auf der Weltbühne vergleichsweise viel Platz war: Die USA fungierten als einzige Supermacht, mit der die EU und ihre Mitgliedstaaten eng verbunden waren; Russland dagegen zeigte sich durch den Kollaps des Ostblocks und den schweren ökonomischen Einbruch der 1990er Jahre merklich geschwächt und Chinas kometenhafter Aufstieg befand sich noch in der Anlaufphase, ohne dass die geopolitischen Implikationen dieser globalen Verschiebungen schon voll durchgeschlagen hatten.

Wichtiger als ihre Positionierung in der Welt blieb die neue Rolle der EU in Bezug auf ihre Mitgliedstaaten selbst, sei es durch den Euro, Schengen, die GASP oder den Binnenmarkt. Bei Letzterem kam es in dieser Phase zu einer wesentlichen Neuausrichtung. Nicht nur, dass der Binnenmarkt an sich immer mehr an Bedeutung zunahm; auch sein agrarpolitischer Anhang, der im Kalten Krieg phasenweise zum eigentlichen Hauptschauplatz europäischer Einigung geworden war, wurde nun etwas beschnitten.

So bildete die MacSharry-Reform von 1992, benannt nach dem irischen Agrarkommissar Ray MacSharry, einen Wendepunkt für die GAP: Seit ihrer Gründung hatte sie der Landwirtschaft durch garantierte Preise Anreize gesetzt, die Produktion zu maximieren. Das hatte zu teurer Überschussproduktion geführt, welche die EG in den 1980er Jahren mit bis zu 70 Prozent ihres gesamten Haushalts finanzierte. Diese Fehlentwicklung baute Reformdruck im Innern der EU auf, der in Anbetracht der geplanten Osterweiterung nur noch größer wurde: Angesichts der Wirtschaftsstruktur der Beitrittsländer wären ohne eine Reform die Kosten ins Uferlose gestiegen. Hinzu kam die zunehmend schärfer vertretene Liberalisierungsagenda seitens der USA im Rahmen der GATT-Handelsdebatten. Mit der MacSharry-Reform erhielten die Landwirte in größerem Umfang Direktzahlungen, wodurch die GAP ihre ursprüngliche sozialpolitische Dimension beibehielt. In größerem Maße flossen nun daneben erstmals umweltpolitische Ziele in die Planungen ein. Die europäische Agrarpolitik blieb somit hochgradig interventionistisch. Seit den frühen 1990er Jahren wurde der Agrarmarkt der EU jedoch für Hersteller aus Drittländern zugänglicher. Wichtiger noch: Die EU schaffte schrittweise ihre Exportsubventionen ab, welche bis dahin hochproblematische Folgen für Erzeuger in Drittländern gezeitigt hatten. Zusammengenommen war das keine wirkliche Liberalisierung, kam aber einer gewissen Öffnung und einer partiellen Anpassung der GAP an die Weltmarktverhältnisse gleich. Obwohl sie weiterhin Milliarden band, spielte sie für die EU nicht mehr jene herausragende Rolle, die sie noch in den 1970er Jahren gehabt hatte. Auch an dieser Veränderung des ehemaligen Flaggschiffs europäischer Integration zeigte sich, dass ein neuer Wind in Europa wehte.

## 2. Wechselwirkungen und Bruchzonen

Für die EU wichtiger als die weite Welt und gleich bedeutsam wie die Veränderungen in ihrem Innern war in den 1990er und 2000er Jahren das Verhältnis zu ihrer unmittelbaren Nachbarschaft. In diesem Bereich gewann sie durch mehrere Erweiterungsrunden markant an Bedeutung. So sprang die Zahl ihrer Mitglieder damals von zwölf auf 27 Staaten.

Anders, als man vielleicht meinen mag, ging der Zug nicht gleich nach Osten, sondern zuvor in Richtung jener Länder, die im Kalten Krieg politisch neutral geblieben waren. Aus dieser Staatengruppe war vor 1989 lediglich Irland der EG beigetreten. 1995 gingen nach einem längeren Annäherungsprozess auch Österreich, Schweden und Finnland diesen Schritt, und sie bezogen damit im Europa nach Ende des Ost-West-Konflikts klar Position. Die Erweiterungsrunde hätte sogar noch größer ausfallen können: Norwegen und die Schweiz stellten ebenfalls zunächst Beitrittsanträge, brachen dann die Verfahren jedoch nach einem Referendum bzw. einem Volksentscheid mit ablehnendem Ergebnis ab.

Aus EU-Perspektive waren die neutralen Staaten nicht zuletzt aufgrund ihrer Märkte interessant, was umso mehr galt, da es sich um wohlhabende Gesellschaften mit entsprechender Wirtschaftsleistung und Kaufkraft handelte. Selbstverständlich traten dazu politische Motive; apertistischer Liberalismus mit seiner ökonomischen Grundierung spielte jedoch in der vierten Erweiterung nach 1973 und den Beitritten von 1981 und 1986 eine besonders wichtige Rolle. So erlebte etwa die österreichische Wirtschaft durch die EU-Mitgliedschaft einen Produktivitätsschub und internationalisierte sich stark. Die Liberalisierungspolitik der EU brach zudem zahlreiche staatliche Monopole auf, beispielsweise im Energieversorgungs- und im Telekommunikationssektor, was viele als den richtigen Weg sahen, um den Herausforderungen der Globalisierung zu begegnen.

Abgesehen von den Neutralen stand seit dem Ende des Kalten Krieges die Einbeziehung der Staaten des ehemaligen Ostblocks auf der Agenda – über das 1990 im Rahmen der deutschen Einheit in die EG gekommene Gebiet der DDR hinaus. Hier waren die Herausforderungen angesichts des ökonomischen Gefälles, der sich eben erst vollziehenden politischen Transformation und der divergierenden historischen Erfahrungen größer als in allen bisherigen Erweiterungsrunden. Deswegen drängten die einen auf schnelle Vollmitgliedschaft der postkommunistischen Staaten, während andere eine weniger rasche oder nicht so weitgehende Integration vorzogen. Ende 1989 schlug etwa der französische Präsident Mitterrand eine Art Konföderation vor: Die bestehende Gemeinschaft sollte sich vertiefen; um diese herum sollte ein gesamteuropäisches Band mit weniger tiefem Integrationsgrad entstehen. Diese Idee hatte anfangs wichtige Befürworter: Im März 1990 sprach sich zum Beispiel der tschechoslowakische Präsident Václav Havel für dieses Modell aus; bereits im Vormonat hatte sich Kanzler Kohl ähnlich geäußert.

Binnen weniger Monate kippte jedoch die Stimmung: Im März 1991 wollte sich Havel nicht mehr mit einem zweitklassigen Status für sein Land zufriedengeben. Die Unsicherheiten am Ende des Kalten Krieges, nicht zuletzt in Bezug auf die künftige Haltung Russlands, ließen viele ostmitteleuropäische Staaten mit Nachdruck einen Vollbeitritt fordern – für Experimente mit offenem Ausgang schienen die Zeiten zu risikoreich. Unter den Mitgliedstaaten sahen das etwa die britische und nunmehr auch die deutsche Regierung ähnlich: Schnelle Integration galt als bestes Mittel, um diesen Teil Europas und den Kontinent als Ganzes zu stabilisieren und ein mögliches geopolitisches Vakuum zu vermeiden. Für die Bundesrepublik spielten dabei sicherheitspolitische Motive eine wichtige Rolle; für Kanzler Kohl war die Osterweiterung zudem die Krönung des bisherigen Einigungsprozesses. Für die britische und die dänische Führung war dagegen wichtiger, den Binnenmarkt zu vergrößern und durch Erweiterung supranationale Tendenzen anderer Mitgliedstaaten zu verwässern. Wie immer prägten somit nationale Interessen die jeweilige Haltung. Letztlich wurde jedoch die Vollintegration zum prägenden Modell, ohne dass sich diese im Handumdrehen durchsetzen ließ.

Mit diesem Ansatz projizierte die EU den bisherigen, multilateral geprägten Weg Westeuropas auf die Gesellschaften Ostmitteleuropas, wo man die Dinge ähnlich sah. Das westliche politische und ökonomische Modell galt als Sieger im Systemkonflikt des Kalten Krieges. Ostmitteleuropa entwickelte sich in kein Laboratorium für ganz neue Ansätze internationaler Kooperation. Mögliche Alternativen zur EU, wie eine Konföderation, ein auf Dauer gestelltes Zentraleuropäisches Freihandelsabkommen oder die KSZE als bereits bestehende Plattform der Vermittlung der vormals getrennten Teile Europas, rückten bald an den Rand oder wurden zu Vehikeln eines EU-Beitritts. Hätte die Europäische Union nicht seit den 1970er Jahren so dramatisch an Bedeutung gewonnen, wäre ihr nicht die tragende Rolle bei der postkommunistischen Transformation Europas zugefallen.

Allerdings drehte sich nicht alles um die EU. Das Gros der ostmitteleuropäischen Staaten trat bereits zwischen 1990 und 1993 dem Europarat bei; als erstes Ungarn 1990. Polen und Ungarn stießen 1996 zur OECD, und zusammen mit Tschechien wurden die beiden Länder 1999 Mitglieder der NATO, das heißt lange vor der Osterweiterung der EU von 2004. Die EU war keineswegs allein, um das neue Europa zu ordnen, bildete gleichwohl zusammen mit der NATO das entscheidende Forum. Litauens Botschafter in Frankreich Giedrius Čekuolis formulierte dies 2005 so: «Die NATO und die EU sind wie Papa und Mama für uns, und wir können uns nicht einseitig nur für einen von beiden entscheiden.» Während die NATO für Integration in das westlich-transatlantische Sicherheitssystem stand, galt für viele die EU als das dazu komplementäre Projekt: primär ökonomisch ausgerichtet, aber auch verstanden als Reflex auf eine geteilte Geschichte und getragen von gemeinsamen Weltdeutungen und Werten.

Dass sich die Osterweiterung der EU länger hinzog als in normalen internationalen Organisationen, erklärt sich in erster Linie aus ihrer einzigartigen Integrationstiefe. Aufbauend auf Assoziierungsabkommen, von denen die ersten mit postkommunistischen Staaten Ende 1991 geschlossen wurden, vollzog sich der Beitritt erst nach einer längeren Anlaufphase. Die Union musste sich zunächst fit machen für die Erweiterung, und mehr noch galt dies für die postkommunistischen Staaten. Während Ersteres ein wesentliches Motiv für die vielen Vertragsreformen nach Maastricht darstellte (dazu später mehr), hatten sich die Kandidatenländer an den im Juni 1993 festgelegten Kopenhagener Beitrittskriterien zu orientieren. Diese zu erfüllen hatte transformative Wirkung für die Beitrittsstaaten. Nicht nur, dass sie eine Vielzahl von Standards in Bezug auf Rechtsstaatlichkeit, Menschenrechte und die Ordnung der Ökonomie zu erreichen hatten; die Entwicklungen wurden zudem aus Brüssel ständig kontrolliert. Binnen eineinhalb Dekaden nach Ende des Kalten Kriegs eröffnete dieser Weg dem Gros der postkommunistischen Gesellschaften Ostmitteleuropas den Zugang zur EU, zu denen außerdem Malta und Zypern traten.

Konkret begannen 1998 die offiziellen Beitrittsverhandlungen mit Estland, Polen, Slowenien, der Tschechischen Republik, Ungarn und Zypern. Anfang 2002 traten zu diesem Kreis sechs weitere Staaten hinzu: Bulgarien, Lettland, Litauen, Malta, Rumänien und die Slowakei. 1999 sah die Kommission die politischen Beitrittskriterien in allen Bewerberländern als erfüllt;

zehn Staaten attestierte sie dies 2002 auch für die beiden anderen Kriterienbündel – was wenige Jahre zuvor noch viele westeuropäische Staats- und Regierungschefs für unwahrscheinlich gehalten hatten. Vor diesem Hintergrund traten Estland, Lettland, Litauen, Malta, Polen, die Slowakei, Slowenien, Tschechien, Ungarn und Zypern zum 1. Mai 2004 der EU bei; zum Jahresbeginn 2007 folgten Bulgarien und Rumänien.

Dieser Prozess hatte in den Beitrittsländern klaren Rückhalt. In einigen Gesellschaften waren die Zustimmungsraten in den Beitrittsreferenden geradezu überwältigend – in Litauen und der Slowakei lagen sie im sagenhaften Bereich jenseits der 90 Prozent, in Slowenien nur knapp darunter. Entsprechend groß fielen die Feiern zur Aufnahme 2004 aus. Die lettische Außenministerin Sandra Kalniete sprach von einem «Triumph Europas über das 20. Jahrhundert». Es war die Zeit einer Wiederentdeckung der geteilten Geschichte des Kontinents, des Narrativs vom erfolgreichen Lernen aus vergangenen Katastrophen, aber auch eines großen Zukunftsoptimismus in Bezug auf Europa. Häufig sprach man von einer «Rückkehr nach Europa» durch den EU-Beitritt – was zeigt, wie man eine ursprünglich kleine, technische internationale Organisation mittlerweile mit dem Kontinent als Ganzem identifizierte, und wie Geschichtsbilder und Aufbruchsszenarien miteinander verschmolzen.

Ungeteilt war die Euphorie jedoch nicht. Der Konflikt über die richtige Haltung im Irakkrieg und der tiefe Graben, der sich in dieser Frage in Europa aufgetan hatte, wirkten nach. In Polen, der Slowakei und Tschechien lag die Wahlbeteiligung jeweils unter 60 Prozent; in Ungarn sogar nur bei 46 Prozent. Die großen Hoffnungen, welche viele Regierungen mit dem Beitritt verknüpften, standen in Kontrast zu den riesigen Transformationsproblemen, die den Alltag der Menschen prägten. In Polen zum Beispiel gewann 2005 die tendenziell euroskeptische PiS-Partei der Gebrüder Kaczyński die Präsidentschaftswahlen. Gleichzeitig sonnte man sich im Westen noch immer im Erfolg des eigenen Systems. Allerdings machte auch die Angst vor Billigkonkurrenz auf dem Arbeitsmarkt und hohen Transferzahlungen an die neuen Mitgliedstaaten die Runde. Hinzu gesellte sich die Furcht, dass das vorhandene Institutionensystem durch die Erweiterung überfordert sei. Nirgendwo waren die Vorbehalte so groß wie ausgerechnet im vereinigten Deutschland: Hier sprachen sich kurz vor der Osterweiterung vom Mai 2004 lediglich 28 Prozent für diesen Schritt aus – interessanterweise gab es bei diesem Wert keinerlei Unterschied zwischen «alten» Bundesländern und jenem Teil Deutschlands, der selbst erst ein gutes Dutzend Jahre zuvor Teil der EU geworden war.

Mit der Osterweiterung von 2004 wurde die EU zum bedeutendsten Binnenmarkt der Welt. Die Bevölkerungszahl stieg um ein Fünftel auf über 450 Millionen Menschen, und die jahrzehntelange Trennung des Eisernen Vorhangs war endgültig überwunden. Gemessen am Pro-Kopf-Bruttoinlandsprodukt näherten sich die reichsten postkommunistischen EU-Staaten bereits in der ersten Hälfte der 2000er Jahre den ärmsten anderen Mitgliedstaaten deutlich an, wie sich beispielsweise an den Entwicklungen in Portugal und Griechenland einerseits sowie Estland und Slowenien andererseits zeigt. Dieser Wohlfahrtszuwachs erklärte sich natürlich nicht allein aus dem EU-Beitritt; dieser stellte jedoch einen wichtigen Faktor dar, wie man etwa am Hochschnellen der direkten Auslandsinvestitionen unmittelbar nach dem Beschluss zur Osterweiterung in den entsprechenden Ländern ablesen kann. Hinzu kamen Erfolge bei der Korruptionsbekämpfung und die Schaffung rechtsstaatlicher Strukturen. Spürbar waren diese vor allem im Vergleich zu osteuropäischen Staaten ohne unmittelbare Beitrittsperspektive, wie der Ukraine. In vielerlei Hinsicht wurde die Osterweiterung so zu einem Erfolg.

Zugleich handelte es sich um eine brutale Umbruchsphase, die für die Volkswirtschaften und die Gesellschaften der betroffenen Länder einer Rosskur gleichkam. Liberalisierung, Deregulierung und Privatisierung gehörten zum ökonomischen Mantra der EU, mit entsprechenden Folgen für bestehende Strukturen. Allerdings trat nicht nur sie für dieses Programm ein; dieses wurde auf globaler Ebene durch den sogenannten Washington Consensus als einem von Internationalem Währungsfonds und Weltbank propagierten Wirtschaftsprogramm getragen. Und, noch wichtiger: In die postkommunistischen Gesellschaften der Nachwende-Zeit kamen solche Ansätze keineswegs nur von außen. Auch Teile der Elite in den Transformationsgesellschaften drängten auf sie, wie zum Beispiel Polens erster postkommunistischer Finanzminister Leszek Balcerowicz oder sein tschechoslowakischer Amtskollege Václav Klaus, der wenige Jahre später der erste Ministerpräsident der Tschechischen Republik werden sollte. Der nach Balcerowicz benannte Plan vom Oktober 1989 zielte darauf, die polnische Zentralplanwirtschaft in eine Marktwirtschaft umzubauen; der Bevölkerung wurde die Schock-Therapie häufig als unausweichlich dargestellt.

Diese Transformationen hatten schwerwiegende Konsequenzen: Arbeitsplätze und Lebenswelten brachen weg; viele Menschen emigrierten, weil sie in ihrer Heimat keine Perspektive mehr sahen. Apertistischer Liberalismus führte zu großen Unsicherheiten, begünstigte die ohnehin Starken und vertiefte Ungleichheiten. Der Transformationsprozess produzierte klare Gewinner und Verlierer. Mittelfristig sollte dies für die Legitimität demokratischer Ordnung, die gesellschaftliche Stabilität und den europäischen Einigungsprozess zu einer schweren Hypothek werden.

Die EU baute auf neoliberalen Maßnahmen auf und verstärkte sie durch ihren eigenen Ansatz weiter. Zugleich minderte sie deren Nebeneffekte jedoch insofern ab, als dass sie auf den Erhalt von zumindest minimalen Sozialleistungen sowie einen starken Rechtsstaat setzte. Zugleich flossen umfangreiche Mittel gen Osten. Bereits in der Vorbereitungsphase profitierten die postkommunistischen Staaten von umfangreichen ökonomischen Hilfen. Jene Länder, die 2004 und 2007 beitraten, erhielten von 1990 bis 2006 insgesamt rund 18,7 Milliarden Euro; nach ihrer Aufnahme spielten Gelder aus der Kohäsionspolitik oder etwa dem Agrarbudget eine wichtige Rolle, um Entwicklungsunterschiede zu reduzieren. Apertistischer Liberalismus setzte sich keineswegs in ein konsequent neoliberales Projekt um, sondern wurde durch Korrektive abgefedert. Ohne die EU wären die sozialen Folgen der Transformation noch wesentlich brutaler ausgefallen.

Diese Prozesse veränderten auch den Westen. Die Liberalisierungsagenda in Ostmitteleuropa setzte die «alten» Mitgliedstaaten ebenfalls unter Druck. Das galt besonders für Länder wie Deutschland, Österreich und Schweden, in denen Austausch und Konkurrenz mit Ostmitteleuropa besonders intensiv wurden. Deutschland nimmt dabei eine Sonderstellung ein, da hier durch die Einheit westliche und postkommunistische Erfahrungswelten direkt aufeinandertrafen. Transferleistungen und Liberalisierungseffekte gen Osten wirkten im deutschen Fall vor allem seit den frühen 2000er Jahren auf die «alten» Bundesländer zurück. Deutschland ist aber nur das offensichtlichste Beispiel für ein breiteres Phänomen: Letztlich zog die Transformation der postkommunistischen Gesellschaften eine «Ko-Transformation» (Philipp Ther) im Ost- wie im Westteil Europas nach sich, in der die EU eine wichtige Scharnierfunktion einnahm.

Die Öffnung kannte jedoch auch Einschränkungen: So entschied man sich für eine Reihe von Übergangsregelungen. Unter anderem mussten die neuen Mitgliedsländer nicht von Anfang an alle hohen Umweltstandards der EU erreichen – dies wäre ihnen auch kaum möglich gewesen. Damit wurden die rechtlichen Konsequenzen des Beitritts etwas abgemildert – in diesem Fall nicht durch Transferleistungen und Infrastrukturhilfe, sondern durch zeitlichen Aufschub.

Umgekehrt setzten aber auch die «alten» Mitgliedstaaten ihre Interessen durch: Ihre Mehrheit, darunter Deutschland und Frankreich, bestand auf einer bis zu siebenjährigen Übergangsphase in Bezug auf die Freizügigkeit von Arbeitnehmerinnen und Arbeitnehmern – es regierte die Angst, dass ansonsten die eigenen Arbeitsmärkte von Menschen aus den Beitrittsländern überschwemmt werden würden. Anders gesagt: Hier baute man Schutzwälle gegen jene Ko-Transformation auf, der die ostmitteleuropäischen Gesellschaften so viel schutzloser ausgesetzt waren. Lediglich Schweden, Irland und das Vereinigte Königreich verzichteten auf derartige Einschränkungen. Der britische Fall ist besonders interessant. Oft bekanntlich eher Bremser weitgehender Integration, setzte die Regierung unter Premierminister Tony Blair teils aus moralischen, teils aus ökonomischen

Gründen auf ungebremste Freizügigkeit für Arbeitnehmerinnen und Arbeitnehmer. Zwischen 2004 und dem Brexit-Referendum 2016 stieg die Zahl von Migrierenden aus der EU in das Vereinigte Königreich von 1,5 auf 3,5 Millionen an – was dann ein wesentlicher Kritikpunkt der Brexiteers wurde und deren Austrittsforderungen befeuerte.

Europäische Einigung trug so auch das Potential in sich, die Mitgliedstaaten auseinanderzutreiben. Und wenngleich die Erweiterungsdynamik keinen Radikalumbau der EU zur Folge hatte, erzeugte sie doch einen enormen Druck, der zu wichtigen Veränderungen in ihrer Tektonik und Ausrichtung führte.

Angesichts dieses grundlegenden Wandels ist es nicht überraschend, dass der Prozess europäischer Einigung seit den 1990er Jahren in der Bevölkerung auf gestiegenes Interesse, aber auch auf größeren Widerstand stieß als in früheren Jahrzehnten. Signalwirkung hatte in diesem Zusammenhang bereits das Ratifizierungsverfahren des Maastrichter Vertrags 1992/93. In einem Referendum sprach sich im Juni 1992 in Dänemark eine hauchdünne Mehrheit von 50,7 Prozent gegen den Vertrag aus; in Frankreich fand sich lediglich eine knappe Mehrheit für ihn und in Großbritannien erwies sich die Ratifizierung ebenfalls als schwierig. Nach dem Einbau von Ausnahmeklauseln stimmten bei einer erneuten Abstimmung zwar die meisten Däninnen und Dänen zu. Damit war aber nicht alles gut. Maastricht gilt vielmehr seitdem als Menetekel, auf das viele weitere Konflikte folgten.

Der wachsende Dissens – und die hohen Erwartungen – zeigten sich am deutlichsten bezüglich der grundlegenden Verträge zur europäischen Integration. Maastricht ebenso wie die Folgeverträge von Amsterdam (1997), Nizza (2001), der gescheiterte Entwurf des Verfassungsvertrags (2004) sowie der 2007 geschlossene und 2009 in Kraft getretene Lissabonner Vertrag brachten jeweils eine weitere Vertiefung des Einigungsprozesses und gewisse Anpassungsleistungen an die Welt jenseits des Kalten Krieges. Es gelang zudem einmal mehr, das außerhalb der Verträge Entstandene weitgehend in diese einzufügen. Dieser Prozess hatte mit der Einheitlichen Europäischen Akte 1987 begonnen und setzte sich nun weiter fort, indem etwa der Amsterdamer Vertrag das Schengener Abkommen in den Rechtsrahmen der EU überführte.

Wenngleich man sich in den aufeinander folgenden Verhandlungsrunden auf keinen Radikalumbau der EU einigen konnte, herrschte zugleich Konsens, dass ein Reformvertrag das beste Mittel sei, um die Gemeinschaft voranzubringen. Die EEA von 1987 stellte den ersten Anlauf dieser Art dar; rückblickend bildete sie den Auftakt zu einer rund 20-jährigen Abfolge von Reformanläufen bis zum Lissabonner Vertrag. Der Unterschied zu jenen 30 Jahren, in denen man bis dahin auf der Basis der Ursprungsverträge gearbeitet hatte und Nachjustierungen stets unterhalb einer Grundsatzreform geblieben waren, könnte größer nicht sein. Der Weg von der EEA bis Lissabon vollzog sich so im Modus des «Beinahe»: Nie der ganz große Wurf, jedoch jeweils einen Schritt weiter. Bis Lissabon lud das Pro-Integrationslager den jeweils nächsten Schritt mit noch größeren Hoffnungen auf, so dass Enttäuschungen vorprogrammiert waren. Das galt schon für die Verhandlungsergebnisse. Scheiterte, wie beim Verfassungsvertrag, das Ausverhandelte anschließend im Ratifikationsprozess, war die Niederlage nur noch größer – denn 2005 sprachen sich in Referenden Mehrheiten ausgerechnet in den zwei Gründungsstaaten Frankreich und den Niederlanden gegen dieses Dokument aus. So blieben die Ansätze, die EU auf ein neues institutionelles Gerüst zu stellen, unvollkommen und fragil.

In den Reformdebatten ging es nicht nur um Kompetenzfragen für die EU als Ganzes, sondern auch um die Gewichtung der Stimmen der Mitgliedstaaten, etwa um die Zahl ihrer Sitze im Europäischen Parlament oder der Kommission. Im Gefeilsche über solche Sachfragen ging das grundsätzliche Problem, wie die EU demokratischer, transparenter, bürgernäher und effizienter zu machen sowie an eine Welt jenseits des Kalten Krieges anzupassen sei, immer wieder unter. Zugleich gehört Streit zur Politik. Dass die EU so viel Aufmerksamkeit auf sich zog und kontrovers wurde, spiegelte insofern die Höhe des Einsatzes wider, der mittlerweile auf dem Spiel stand.

Angetrieben wurde der Reformprozess durch zunehmende öffentliche Kritik am Erreichten. Ein großes Anliegen der Zeit war es, das Demokratiedefizit der EU zu beseitigen und die Menschen stärker an das gemeinsame Europa zu binden. Unter anderem sollten die Bürgerinnen und Bürger auf Grundlage von Maastricht zusätzlich zur nationalen Staatsangehörigkeit das Unionsbürgerrecht erhalten, symbolisiert in einem einheitlichen Reisepass. Das Europäische Parlament bekam mehr Rechte. Um die Teilhabe der Menschen zu erhöhen, etablierte man ferner etwa die Bürgerinitiative als Instrument partizipativer Demokratie auf europäischer Ebene. Sichtbarer als solche Mechanismen war die wachsende symbolische Präsenz der EU, vor allem durch die Flagge mit den zwölf Sternen auf blauem Hintergrund, aber auch durch die Bezeichnung eines Vertrags als Verfassung, wiewohl er keine war. Alle Versuche, die EU den Menschen politisch und symbolisch näherzubringen, räumten die Probleme jedoch nicht grundsätzlich aus.

Auch die sozialpolitischen Reformansätze gingen nie besonders weit. Schon im Kalten Krieg waren die Anläufe, die Marktorientierung europäischer Einigung durch stärker redistributive Elemente auszugleichen, auf Teilsektoren wie die Agrarpolitik beschränkt geblieben. Ein ambitionierter Anlauf der Delors-Kommission in der zweiten Hälfte der 1980er Jahre scheiterte, sieht man vom Sozialprotokoll und Sozialabkommen von Maastricht ab, das etwa bei arbeitsrechtlichen Mindestnormen gemeinsame Standards brachte. Integration im Sozialen war aber weiterhin äußerst strittig und das Protokoll wurde aufgrund britischen Widerstands nicht Teil des Maastrichter Vertrags. Das änderte sich mit dem Amsterdamer Vertrag einige Jahre später; im Vergleich zu Schengen, dem Binnenmarkt oder dem Euro waren die sozialpolitischen Kompetenzen der EU jedoch nach wie vor eng begrenzt. Die tragenden Programme fanden sich vielmehr hauptsächlich auf nationaler Ebene, und die Mitgliedstaaten zeigten sich unwillig, der EU in diesem Feld größere Kompetenzen zu übertragen. Brüssel konnte vor allem dann aktiv werden, wenn es sozialpolitische Initiativen dadurch rechtfertigte, dass ohne sie Wettbewerbsfähigkeit und Wirtschaftswachstum gefährdet seien. Maßnahmen in so unterschiedlichen Bereichen wie der Arbeitssicherheit, den Konsumentenrechten und der Antidiskriminierung verdeutlichen allerdings, dass das Recht den wichtigsten sozialpolitischen Hebel der EU darstellte, nicht die Umverteilung. Rhetorisch, häufig aber auch praktisch, blieb Sozialpolitik im Vergleich zu Liberalisierung und Öffnung nachrangig.

Nichtsdestoweniger war in jener Zeit vermehrt vom «europäischen Sozialmodell» die Rede. Dessen Inhalte blieben jedoch vage und kontrovers. Viel stärker als während des Kalten Krieges wurde die EU dennoch mit Erwartungen aufgeladen und als potentiell wichtige Akteurin in dem Feld gesehen. Die Debatte nahm einen stark politischen Charakter an, ohne dass man einen Konsens über Inhalte und Richtung erzielen konnte. Wie auch in anderen Bereichen ging den einen die Integration nicht weit genug, den anderen zu weit; den einen war die EU zu neoliberal, den anderen zu protektionistisch; Fundamentalkritik gab es von rechts wie von links. Es entstand ein klassisches Dilemma, in dem sich weder für den Ist-Zustand noch für mögliche Korrekturen klare Mehrheiten fanden.

Vergleichsweise geräuschlos verlief dagegen der weitere Ausbau der Umweltpolitik. Hier erhielt die Union weitreichende Kompetenzen und gab ihren Mitgliedstaaten eine wachsende Zahl von Rechtsakten vor. Dabei waren die großen Vertragsreformen weniger wichtig als das sogenannte Sekundärrecht, das heißt der ständige Fluss an Verordnungen, Richtlinien und anderen Rechtsakten. Sie ließen die EU zu einer Größe werden, welche bedeutungsvoller wurde als das rein nationale Umweltrecht; auch global überholte die EU nun die USA als Führungsmacht im Umweltbereich. Einschränkend gilt festzuhalten, dass gerade in diesem Politikfeld die Implementierung von EU-Recht immer wieder auf große Probleme stieß. Wichtiger noch: Alle Maßnahmen gingen nicht weit genug, um das bereits mit den Verträgen von Maastricht und Amsterdam ausformulierte Ziel einer nachhaltigen Entwicklung zu erreichen.

Hitzig verliefen angesichts dieser inhaltlichen Kontroversen zugleich die Debatten über die Entscheidungsprozeduren und die Rolle der verschiedenen EU-Organe. Teilweise aufgrund institutioneller Veränderungen, teilweise aufgrund der vielen Herausforderungen bei der Gestaltung einer Welt nach dem Kalten Krieg wurde seit den 1990er Jahren der Europäische Rat mit den Staats- und Regierungschefs wichtiger und vor allem medial sichtbarer als je zuvor. Damit stieg allerdings zugleich das Enttäuschungspotential, wenn sich auf der Spitzenebene keine Einigung erzielen ließ. Zugleich erhielten Kommission und Parlament zusätzliche Kompetenzen und erweiterten ihre Rollen, was das Zusammenspiel der verschiedenen Seiten weiter verdichtete und ausbalancierte, tendenziell aber auch erschwerte. So hat etwa seit dem Vertrag von Amsterdam der Kommissionspräsident bzw. die -präsidentin noch größeres Gewicht im Vergleich zu den anderen Kommissarinnen und Kommissaren, wirkt an deren Auswahl mit und ist für die Verteilung der Ressorts zuständig. Das stärkt die Stellung im Vergleich zum Rat; allerdings kann er (bzw. sie) vom Rat nur mit Zustimmung des Parlaments eingesetzt werden. Letzteres erstritt sich ebenfalls zusätzliche Rechte. Das zeigte sich besonders 1999, als das Europäische Parlament nach einem Korruptionsskandal in der Kommission drohte, dieser das Vertrauen zu entziehen; daraufhin trat die Kommission unter ihrem Präsidenten Jacques Santer geschlossen zurück. Das war beispiellos. Als Ergebnis wurde das Parlament weiter gestärkt, zugleich aber das Ansehen der EU als Ganzes erschüttert.

In diesen Aushandlungsprozessen kam – wie in allen anderen Bereichen europäischer Einigung – dem menschlichen Faktor eine wichtige Rolle zu. So war etwa Jacques Delors als Kommissionspräsident so erfolgreich, weil er im Rat besonders in seiner ersten Amtsphase führungsstark die entscheidenden Mitgliedstaaten auf seine Seite ziehen konnte. Sein Nachfolger Santer trat dagegen leise auf. Dessen Nachfolger Romano Prodi hatte als ehemaliger Ministerpräsident eines bedeutsamen Staates Probleme, sich in sein Brüsseler Amt einzufinden, was die Kommission durch wachsende Distanz zum Rat schwächte. Persönliches prägte so die Kooperation in Brüssel sowie ihre Ergebnisse, wobei es sich oft als überaus schwierig erwies, tragfähige Kompromisse zu finden.

Angesichts der vielen Herausforderungen wurden die vorgeschlagenen Lösungen häufig als zwingend angepriesen. Der regelmäßig beschworene Mangel an Alternativen trug zur damaligen Zeit zu einer kontinuierlich fallenden Wahlbeteiligung bei den Europawahlen ebenso bei wie zu Frustration und Kritik. Das galt etwa, wenn nach Abstimmungsniederlagen ein Grundsatzvertrag ohne große Veränderungen der jeweiligen Bevölkerung erneut vorgelegt wurde, wie zum Beispiel in Irland 2008. Kein Wunder, dass viele Menschen die EU als technokratisches Elitenprojekt wahrnahmen, in dem ihre Stimme wenig zählte. Die Unfähigkeit zu tiefgreifenden Reformen erklärt sich nicht zuletzt daraus, dass im *acquis communautaire* vielschichtige Interessen und komplizierte Kompromisse aufgehoben sind. Dieses kompakte Bündel mit seinen verschiedenen Bestandteilen ließ sich nicht mehr aufschnüren, ohne die Existenz der EU als solcher zu gefährden. Die Institutionen hatten Kompetenzzuwachs und den Ausbau aufgrund der Erweiterungsrunden zu bewältigen, sollten gleichzeitig aber auch schlanker und transparenter werden. In der Praxis glich all dies häufig der Quadratur des Kreises. Angesichts des eingeschränkten Spielraums und der vielen Krisenbeschwörungen war zugleich bemerkenswert, dass es nie zur vollständigen Selbstblockade der EU kam.

Zugleich stießen nun, da ihre Bedeutung für Wohl und Wehe für die nationale und die internationale Politik unübersehbar geworden war, selbst kleinere Fragen und Projekte auf große Resonanz und waren politisiert wie nie zuvor. So löste keine EU-Richtlinie bis dahin jemals so viel öffentliche Kritik aus wie jene über Dienstleistungen im Binnenmarkt von 2006. Nach dem zuständigen Kommissar, dem Niederländer Frits Bolkestein, auch als Bolkestein-Richtlinie bekannt, zielte der Entwurf von 2004 auf die Liberalisierung eines Sektors, in dem bis dato nationales Recht der Logik eines gemeinsamen Marktes viele Hindernisse entgegengestellt hatte. Gegen Bolkesteins Entwurf regte sich massiver Widerstand in Deutschland, Belgien, Luxemburg, Schweden und besonders in Frankreich. Symbolfigur der Kritik am marktorientierten, globalisierungsfreundlichen Kurs aus Brüssel wurde der «polnische Klempner» – er stand für die

Angst, dass die eigenen Arbeits- und Sozialstandards durch Billiganbieter, etwa aus Ostmitteleuropa, zerstört würden. Entsprechend standen Länder mit liberalisierteren Dienstleistungssektoren wie Großbritannien, die Niederlande oder auch die postkommunistischen Mitgliedstaaten hinter dem Vorhaben. Gerade in letzteren nährte das neoliberale Schockprogramm der 1990er Jahre die Hoffnung, von einem erweiterten Marktzugang profitieren zu können. Die Bremser erwiesen sich gleichwohl als stärker. Die 2006 beschlossene Richtlinie blieb weit hinter dem ursprünglichen Entwurf zurück.

Die Kritik an Bolkesteins Vorhaben war umso größer, da es Teil einer breiteren Agenda der EU war: Seine Richtlinie war eine der ersten Initiativen, um die sogenannte Lissabon-Strategie umzusetzen, auf die sich die Staats- und Regierungschefs im März 2000 verständigt hatten. Ziel dieses Schlüsseldokuments des apertistischen Liberalismus war es, die EU durch eine Globalisierungsstrategie innerhalb einer Dekade zum wettbewerbsfähigsten und dynamischsten wissensbasierten Wirtschaftsraum der Welt zu machen. Konkret ging es vor allem darum, Produktivität und Innovationsgeschwindigkeit zu erhöhen. Diese Agenda hatte neben neoliberalen auch klassisch sozialdemokratische Anteile, etwa in ihren Vorstellungen zur Bekämpfung der Massenarbeitslosigkeit. Letztlich dominierte hier dennoch der Öffnungsgedanke. Binnen weniger Jahre befeuerte eine immer stärkere globalisierungskritische Stimmung, die sich an der Lissabon-Strategie festmachte, aber weit darüber hinausreichte, die Nein-Voten gegen den Verfassungsvertrag in Frankreich und den Niederlanden von 2005. Weitere fünf Jahre später musste sich die EU eingestehen, dass sie gemessen an den zur Jahrtausendwende definierten Zielen gescheitert war.

Allgemein nahm der Widerstand gegen neoliberale Öffnung in den 2000er Jahren merklich zu. Das galt umso mehr, da der Abbau von Hemmnissen des Binnenmarktes die Einrichtung neuer Regeln erforderte. Liberalisierung kam niemals ohne Regulierung aus, weshalb selbst neoliberale Ansätze auf europäischer wie auf nationaler Ebene nur selten in einem Abbau administrativer Strukturen endeten. Bald entzündete sich daran eine intensive Kritik an Brüssel als anonymer, krakenhafter Bürokratie. Jene Transformation, die seit den 1980er Jahre die Rolle der EU immens erhöht hatte, war nun unübersehbar geworden, und viele Menschen fragten sich, wann sie dem eigentlich zugestimmt hatten.

Schrittmacher der Politisierung europäischer Integration und ihrer Infragestellung waren nicht so sehr Frankreich und Deutschland, die in vielen anderen Fragen Takt und Ton vorgaben. Wichtige Ausgangspunkte lagen vielmehr in Italien, wo der jahrzehntelange, pro-integrative Konsens langsam bröckelte, sowie in den neuen Mitgliedstaaten. In vielen postkommunistischen Staaten wurde kontrovers diskutiert, ob europäische Einigung nicht zu tief in die eben erst erlangte nationale Souveränität eingriff – Argumente, die in Polen zum Beispiel die PiS-Partei vertrat und in Tschechien der liberale Politiker Václav Klaus, der zugleich den Brüsseler Bürokratismus anprangerte. Vor anderem historischen Hintergrund hatte das Insistieren auf das Nationale die Positionen in Großbritannien und Dänemark bereits seit längerem geprägt; nun erhielt diese Debatte neuen Stoff. Das zeigte sich besonders am Bedeutungsgewinn rechtspopulistischer Bewegungen und Parteien. So vollzog etwa in Österreich die vormals integrationsbefürwortende FPÖ im Verlauf der 1990er Jahre eine Wende ins kritische Lager. Die Angst vor grenzübergreifender Kriminalität und dem Verlust nationaler Identität durch Integration prägten fortan ihre Position. Vielerorts befand sich der Ethnonationalismus auf dem Vormarsch, besonders in Ostmitteleuropa, wo der Transformationsschock kaum durch ein sozialstaatliches Netz aufgefangen wurde.

Der wachsende Dissens verstärkte zugleich jene Bewegung hin zur differenzierten Integration, deren Anfänge bis in die 1970er Jahre zurückreichten. Schengen, der Euro oder etwa die Sozialpolitik blieben Bereiche, in denen jeweils nur ein Teil der EU-Mitgliedstaaten mitmachten. Diese Tendenz zur Fragmentierung steigerte sich in den 1990er Jahren so weit, dass nunmehr rund die Hälfte aller EU-Politiken in irgendeiner Form differenziert war. Das machte die Probleme von demokratischer Legitimierung und Transparenz nur noch dringender. Zunächst galt Differenzierung noch als Übergangsphänomen, wonach einigen Pionieren bald der Rest als Nachhut folgen würde. In den 2000er Jahren setzte sich jedoch langsam die Einsicht durch, dass sie ein dauerhaftes Phänomen sein würde.

Als Gegentendenz zum apertistischen Liberalismus wirkten auch jene Debatten, die stark um die Frage europäischer Identität kreisten. Diese hatten einen normativen Kern, etwa in Diskussionen darüber, ob mögliche Beitrittsländer die Kopenhagener Kriterien erfüllten. Manchmal vermischte sich dies mit essentialistischen Argumenten, zum Beispiel wenn einer Gesellschaft eine grundsätzliche Andersartigkeit unterstellt wurde. In besonderem Maße galt das im Verhältnis zur Türkei. Die damalige EG hatte bereits 1963 ein Assoziierungsabkommen mit dem Land geschlossen, das perspektivisch eine Vollmitgliedschaft in Aussicht stellte. Nachdem ein 1987 gestellter erster Aufnahmeantrag 1989 abgelehnt worden war, wurde dem Land 1999 der Status als Beitrittskandidat zuerkannt. Selbst wenn 2005 offizielle Aufnahmeverhandlungen eingeleitet wurden, tobte in dieser Zeit eine Debatte darüber, ob die mehrheitlich muslimische Türkei zur EU passe und «europäisch» genug sei für eine Mitgliedschaft – 1963 hatte diese Frage niemanden interessiert. Hinzu kam die Frage, ob sich die EU durch eine Aufnahme des Landes überdehne. Wiewohl die Verhandlungen formal weiterliefen, bewegten sich die Türkei und die EU zunehmend auseinander und entfremdeten sich. Nicht nur in Bezug auf die Frage der Erweiterung taten sich hier Bruchzonen auf; ebenso galt dies für die Wertebasis und die ökonomische Attraktivität europäischer Integration.

Insgesamt bewegte sich der apertistische Liberalismus in den eineinhalb Dekaden nach dem Maastrichter Vertrag innerhalb klarer Grenzen: nach außen, nach unten, in gewissen Politikfeldern. Dennoch strahlte er auf auffallend viele Debatten und Praktiken aus. Es handelte sich um eine Tendenz, die sich aus dem Zusammenwirken sehr unterschiedlicher Interessen, Herausforderungen und Lösungsstrategien ergab. Häufig wurde sie nicht proaktiv betrieben, sondern gewann als Reaktion auf Krisen und grundlegende Veränderungen – wie die Anfälligkeit des internationalen Währungssystems, das Ende des Kalten Krieges oder die teilweise zur Chiffre verkommende Formel von der Globalisierung – an Bedeutung. Ihren Kern hatte sie in der Sphäre der Wirtschaft, und zumeist galten ökonomische Hebel als bester Weg, um Krisen zu überwinden: etwa durch vertiefte Marktöffnung, den Euro oder den liberalisierten Austausch über Grenzen. So verwandelte sich die EU in einen Transmissionsriemen und Schrittmacher der Globalisierung. Sie schuf dazu auch Gegengewichte, etwa durch sozialpolitische und ökologisch ausgerichtete Maßnahmen, die sich aber nie grundsätzlich vor die Marktlogik schieben konnten. Trotz terroristischer Anschläge wie in Madrid 2004 oder in London 2005 sowie der Kriege in Ex-Jugoslawien und vielen anderen Teilen der Welt, blieben dagegen Sicherheitsfragen vergleichsweise nachrangig. In der Folgezeit sollte jedoch die Sicherung des in der EU Erreichten – und Sicherheit im Allgemeinen – umso dringlicher auf die Agenda rücken.

## V. Das Sicherungsprojekt: Kurskorrektur seit 2009

Krisen haben den Einigungsprozess seit Anbeginn begleitet, geprägt und immer wieder beflügelt. Keine Dekade kam ohne Erschütterungen aus – seien es solche institutioneller Art, wie die Krise des leeren Stuhls in den 1960er Jahren oder die gescheiterten Verfassungsreferenden 2005; sei es durch globale ökonomische Verwerfungen mit entsprechenden Folgen für das Einigungsprojekt, wie etwa in den 1970er Jahren; oder sei es durch Konflikte in den internationalen Beziehungen wie während der Kriege in Ex-Jugoslawien in den 1990er Jahren. Seit den späten 2000er Jahren haben Größe, Dichte und Tempo der Krisen jedoch deutlich zugenommen; alle drei Formen von Krise fallen in diese jüngste Vergangenheit. Manchmal fühlt sich Europapolitik an wie eine Netflix-Thriller-Serie: Eurokrise, Grexit-Debatte, Migration, Flucht und Asyl, Brexit, Klima, Neonationalismus, Illiberalismus und Populismus innerhalb und außerhalb der EU, zuletzt Corona – ein riesiges Problem jagt das andere, und mit jedem Mal scheint der Chor derjenigen lauter zu werden, die ein Scheitern der EU voraussagen.

Dass die EU – zumindest bislang – nicht unterging, lag besonders daran, dass die Krisen zwar nebeneinander existierten und sich gegenseitig antrieben, letztlich jedoch beherrschbar blieben. Denn keine Einzelkrise war groß genug, um die EU in die Knie zu zwingen, und wiewohl sie zusammenwirkten, bildete sich keine Lawine, in der mehrere Teilprobleme den Gesamtkollaps herbeigeführt hätten. Vielmehr gelang es der EU, die jeweiligen Problemherde hinreichend voneinander zu trennen und separat abzuarbeiten, so dass in wesentlichen Bereichen sogar ein Mehr an Integration entstand. Insofern hatten die Krisen nicht das letzte Wort. Vielmehr zogen sie eine bislang kaum beachtete Kurskorrektur der EU nach sich.

Die Krisen der Gegenwart vollzogen sich unter dramatisch veränderten Rahmenbedingungen. Stärker als zuvor zeigten sich die Schattenseiten ökonomischer Globalisierung. Das internationale System ebenso wie die politische Ordnung vieler Staaten weltweit gerieten, nicht zuletzt durch einen Ansturm des autoritären Populismus, in eine tiefe Krise. Dadurch wurde die Unterstützung des Einigungsprojekts in der Bevölkerung der Mitgliedstaaten noch fragiler als bisher. Insofern muss man autoritären Populismus nicht nur als eine Reaktion auf die Globalisierung, sondern auch auf den zuvor in der EU verfolgten Kurs apertistischer Liberalisierung verstehen. Der italienische Europapolitiker und ehemalige Brüsseler Kommissar Mario Monti brachte dies 2010 auf den Punkt, wenn er zwei sich wechselseitig verstärkende Trends identifizierte: Integrationsmüdigkeit und eine wachsende Marktmüdigkeit setzten dem Einigungsprojekt zunehmend zu. Europapolitik war so polarisiert und politisiert wie nie zuvor – Europafahnen wehten und brannten, vereint nur in einem neuen Konsensus über die Bedeutung der EU für Wohl und Wehe ganzer Volkswirtschaften und Gesellschaften.

Ein eindeutiger Moment, an dem sich die EU angesichts dieser Herausforderungen von einem Freiheits- in Richtung eines

Sicherungsprojekts wandelte, lässt sich nicht ausmachen. Allerdings verstärkte sich seit 2009 eine schon zuvor vorhandene entsprechende Tendenz. Mehr als in den beiden Dekaden nach dem Ende des Kalten Kriegs ging es um die Rettung des institutionell Vorhandenen. An die Stelle des bisherigen Kurses trat zunehmend die Denkfigur eines «Europas, das schützt». Statt Konsum ging es fortan stärker um Bürgerschaft. Darin spiegelte sich nicht nur Europas Reaktion auf eine zunehmend gefährliche und unberechenbare Welt wider, sondern auch ein Verlust jenes Optimismus, der in der Phase davor den Einigungsprozess angetrieben hatte.

Angesichts der vielen Krisen und ihrer unsicheren Statik ließ sich die EU nicht ohne weiteren Ausbau retten. So kam es zu zusätzlichen Schritten europäischer Einigung, die oft weniger Aufmerksamkeit fanden als die Krisen, die sie zu lösen suchten. Dabei bewegte sich die EU weit über das Ökonomische hinaus. Krisen wurden in dieser rastlosen Zeit häufig produktiv gewendet, aber ohne jemals die Wurzeln der Probleme zu beseitigen. Anders gesagt: Die EU rettete sich stolpernd von einer Krise in die nächste.

## 1. Auf Sicht fahren

Einen tiefen Einschnitt in der Geschichte des Einigungsprozesses stellte die Eurokrise ab 2009 dar, in der die EU und ihre Mitgliedstaaten nicht auf große Entwürfe setzten, sondern auf Sicht fuhren. Damit überstanden sie die entsprechende Herausforderung in institutioneller Hinsicht erstaunlich gut, verschärften oder schufen aber zugleich andere Probleme.

Die globale Finanzkrise seit 2007 offenbarte die Schwächen der vorangegangenen Liberalisierungsphase auf nationaler, europäischer und internationaler Ebene. Seinen Ausgangspunkt hatte der Zusammenbruch in den USA, wo man seit den 1980er Jahren durch Bankenderegulierung und andere Maßnahmen den Finanzkapitalismus entfesselt hatte. Dadurch bildete sich eine riesige Immobilienblase, aufgepumpt durch Kredite auf zweifelhafter Basis. Weitere verschärfende Faktoren kamen hinzu, wie die Politik des billigen Geldes der US-Notenbank und hohe Kapitalzuflüsse von außen. Als die Immobilienblase platzte, löste dies eine weltweite Finanz- und Bankenkrise aus, die das damals dominante Wirtschafts- und Gesellschaftsmodell bis ins Mark erschütterte.

Für die Mitgliedstaaten der EU übersetzte sich das Problem zunächst in eine Schuldenkrise. Eine wachsende Zahl von Mitgliedstaaten kämpfte angesichts der sich rapide eintrübenden weltwirtschaftlichen Lage damit, die im Maastrichter Vertrag festgelegten Schuldenkriterien einzuhalten, laut denen das jährliche Haushaltsdefizit nicht mehr als 3 Prozent und die staatliche Gesamtverschuldung höchstens 60 Prozent des Bruttoinlandsprodukts betragen darf. Verschärft wurde das Problem dadurch, dass vielerorts die Banken aufgrund ihrer Verflechtungen mit den USA in eine gefährliche Schieflage gerieten und häufig durch staatliche Hilfe gerettet wurden. Dies riss tiefe Löcher in die nationalen Haushalte und trieb die öffentlichen Schulden nach oben – in Griechenland, Irland, Italien, Portugal und Spanien drohte ein Staatsbankrott. Zugleich zeigte sich ein grundsätzliches Problem: Der Banken- und Finanzsektor hatte sich durch Deregulierung immer weiter internationalisiert, so dass Komplikationen leicht von einem Land zum anderen springen konnten. Dagegen bewegte sich die Kontrolle der Prozesse nicht in entsprechender Form auf die überstaatliche Ebene.

Durch die Wirtschaftskrise gerieten die politischen Ordnungen in Europa unter massiven Druck. Es waren nicht zuletzt die Maastrichter Kriterien, die die Regierungen zu einem unpopulären Sparkurs anhielten. In der Mehrzahl der Eurozonen-Staaten zerbrachen die Regierungen oder wurden abgewählt, etwa in Finnland, Griechenland, Irland, Italien, Portugal und Spanien 2011, in Frankreich, der Slowakei und Slowenien 2012 und in Malta und Zypern 2013. Außerdem übernahmen mancherorts phasenweise Technokraten und parteilose Fachleute die Macht, etwa in Italien von 2011 bis 2013 oder in Form von zwei aufeinanderfolgenden Übergangskabinetten in Griechenland 2011 und 2012. Regierungskrisen entwickelten sich so zu Krisen demokratischer Herrschaft; Europapolitik, die bis 2010 bei nationalen Wahlen nur in wenigen Ausnahmen überhaupt eine Rolle gespielt hatte, löste ein politisches Erdbeben im Gros der Euro-Länder aus. Dass Angela Merkel sich in wechselnden Koalitionen während all dieser Jahre im Amt behaupten konnte, bildet deshalb eine bemerkenswerte Ausnahme. All dies unterstreicht die Größe der Herausforderungen, auf die die Politik auf nationaler wie auf europäischer Ebene Antworten finden musste.

Darüber hinaus löste das globale Problem die 2009 einsetzende Eurokrise aus, die ziemlich genau mit dem Inkrafttreten des Lissabonner Vertrags zusammenfiel. Das in den Jahren zuvor kräftige Wirtschaftswachstum brach ein; allein 2009 sank das Bruttoinlandsprodukt der EU um über 4 Prozent. Für die Mitgliedstaaten liefen hier eine Staatsschuldenkrise, eine Bankenkrise und eine Finanzkrise zusammen, und vor diesem Hintergrund galt phasenweise der Fortbestand der gemeinsamen Währung als unwahrscheinlich. In diesem Stresstest zeigten sich die offenen Baustellen und die fragile Statik des seit den 1990er Jahren errichteten währungspolitischen Gebäudes. Nun rächte sich, dass die Währungsunion nicht durch weitere Maßnahmen wie eine koordinierte Finanzpolitik und eine vereinheitlichte Bankenregulierung abgesichert worden war. Die daraus resultierenden Spannungen waren bereits in der Entstehungsphase offensichtlich gewesen. Damals hatten sich jedoch keine Mehrheiten für eine umfassende wirtschaftspolitische Integration gefunden, die die ökonomischen Risiken wirksam eingehegt hätte.

Besonders dramatisch entwickelte sich die Lage in Griechenland, wo schon in den Jahren zuvor gefälschte Angaben zum Schuldenstand ein ernsthaftes Problem nur verschleiert hatten. In der Krise brauchte Athen Geld, um Banken zu retten. Nunmehr überstieg das Defizit die Maastrichter Kriterien in unübersehbarem Ausmaß. Die Finanzmärkte straften griechische Staatsanleihen daraufhin ab und machten sie unbezahlbar. Um eine Staatsinsolvenz zu verhindern, musste die Regierung im April 2010 Finanzhilfen in Brüssel beantragen. Nicht zuletzt aus Furcht vor einem Dominoeffekt, der sich von Griechenland auf andere überschuldete Mitgliedstaaten wie Spanien, Portugal oder sogar Italien und Frankreich übertragen könnte, spannten die EU-Mitgliedstaaten im Mai einen 750 Milliarden Euro schweren, temporären Rettungsschirm auf. Ab 2013 schufen die Eurozonen-Staaten auf dieser Basis ein permanentes Schutz- und Nothilfeinstrument, den Europäischen Stabilitätsmechanismus (ESM). Griechenland, Irland und Portugal, später außerdem Spanien und Zypern, mussten auf dieses neu geschaffene Sicherheitsnetz zurückgreifen.

In Bezug auf Griechenland stand das Schicksal des Euro längere Zeit auf Messers Schneide. Ein möglicher Austritt aus der Eurozone, bald als «Grexit» in aller Munde, galt dabei weniger als Akt nationaler Befreiung als vielmehr als Rettung für die gemeinsame Währung angesichts der Probleme des Landes, seine Gläubiger zu bedienen und den Auflagen nachzukommen. Letztlich gelang es nach einer Zuspitzung der Krise 2014/15 durch den beherzten Einsatz aller Seiten, das Land im Euro zu halten und langsam zu konsolidieren. Der Preis dieses Kurses war jedoch immens. Nicht nur die gemeinsame Währung, sondern der gesamte Einigungsprozess stand phasenweise kurz vor dem Aus und verlor jene Strahlkraft, die viele Menschen in den 1990er Jahren mit dem institutionellen Europa verbunden hatten.

Die Politik handelte in dieser gesamten Phase unter enormem Zeitdruck. Statt Grundsatzreformen standen die Vorzeichen auf Improvisation, bei der man angesichts der drohenden Abgründe vielfach institutionelles Neuland betrat. Das hatte Folgen für die Machtverteilung zwischen den verschiedenen Organen. So mussten die Staats- und Regierungschefs häufig selbst ran, um den Karren aus dem Dreck zu ziehen. Dagegen traten die Kommission sowie die Parlamente in den Hintergrund, so sehr sich besonders die Kommission unter Jean-Claude Juncker als politische Akteurin verstand. Institutionell drückte sich der partielle Umbau darin aus, dass etwa der ESM völkerrechtlich unabhängig von der EU blieb, was die Rolle der Mitgliedstaaten unterstrich. Wie so oft im komplizierten Brüsseler System gab es zu diesem neuen Intergouvernementalismus zugleich eine supranationale Gegentendenz. Konkret gewann in erster Linie die EZB zusätzlichen Einfluss. Das zeigte sich besonders 2012, als ihr Chef Mario Draghi am 26. Juli den verunsicherten Finanzmärkten mitteilte, dass die EZB «alles Erforderliche zu tun» bereit sei, um den Euro zu retten. Diese Worte hatten immense Wirkung – die um sich greifenden Spekulationen gegen die Gemeinschaftswährung hörten in kürzester Zeit auf. Sein «whatever it takes» schrieb Geschichte und bildete den Wendepunkt der sich bis dahin zuspitzenden Eurokrise. Die Wirtschaftsentwicklung in der EU stabilisierte sich fortan langsam wieder. Statt Wettbewerb als Teil apertistischer Liberalisierung schoben sich mehr und mehr finanzielle Stabilität und die Sicherung des Vorhandenen durch Aufbau neuer Stützpfeiler in den Vordergrund.

Insgesamt hatten bei den verschiedenen Maßnahmen angesichts der Eurokrise drei Ziele Priorität: das finanzkapitalistische System als Basis der Ökonomien der Mitgliedstaaten zu bewahren; deren nationale Haushalte zu konsolidieren; und schließlich das institutionell in der EU bzw. der Eurozone bis dahin Erreichte zu erhalten. Dass der Euro bewahrt werden müsse, war weitgehend konsensfähig. Den Grund hierfür fasste Kanzlerin Merkel im September 2011 zusammen: «Scheitert der Euro, dann scheitert Europa.» Daraus erklären sich die einzelstaatlichen Maßnahmen zugunsten der Banken sowie die Brüsseler Hilfspakete. Hinzu kamen weitere Neuerungen, insbesondere eine schärfere Überwachung nationaler Haushalte, eine stärkere Regulierung der europäischen Finanzmärkte sowie eine Bankenunion mit engerer Bankenaufsicht. Das Gros der institutionellen Neuerungen fiel in die turbulenten Jahre von 2010 bis 2013, wobei die Rettungsmaßnahmen für einzelne Länder teilweise länger liefen. Unter ihnen schränkte vor allem der 2012 beschlossene Europäische Fiskalpakt die nationalen Handlungsspielräume deutlich ein: Wer künftig die auf dem Maastrichter Vertrag beruhenden Konvergenzkriterien nicht erfüllte, musste mit schmerzhaften finanziellen Sanktionen rechnen.

Was im EU-Jargon unter Begriffen wie Haushaltskonsolidierung, Sixpack (für sechs 2011 verabschiedete Maßnahmen zur Reform des Stabilitäts- und Wachstumspakts) oder Europäisches Semester firmierte, schlug in erschreckender Weise auf die ins Trudeln geratenen Gesellschaften der Mitgliedstaaten durch. Daran hatte der neoliberale Geist vieler Maßnahmen wesentlichen Anteil. So bekam zwar Griechenland zum Beispiel Hilfen. Dem Land wurden aber auch brutale Spar- und Kürzungsmaßnahmen auferlegt, bei denen ein Dreigespann aus EZB, Europäischer Kommission und Internationalem Währungsfonds die Richtung vorgab. Nie zuvor hatte ein Land in so kurzer Zeit so drastisch die Effekte der EU-Mitgliedschaft zu spüren bekommen: Viele Menschen sahen sich an den Rand des Existenzminimums gedrängt. Austeritätspolitik, besonders eine strenge und sparsame Haushaltspolitik entlang technokratischer Vorgaben ohne direkte demokratische Legitimation, verschärfte kurz- und mittelfristig die ohnehin bestehende Krise. Massenarbeitslosigkeit bildete eine der gravierendsten Folgen; unter jungen Menschen überschritt sie phasenweise 50 Prozent. Die Härte der Maßnahmen stand zudem in einem augenfälligen Kontrast zur Großzügigkeit, mit der wenig zuvor die Banken gerettet worden waren. Dieser Gegensatz führte nicht nur im Süden Europas zu Frustration und Verbitterung.

Zu den gesellschaftlichen Verwerfungen trat politische Polarisierung. Die meisten Parteien der Mitte stellten sich – häufig zähneknirschend – hinter den EU-Kurs; in dieser Hinsicht ließ sich ein länder- und lagerübergreifender Konsens herstellen. Der Ansatz, der sich eher auf die großen Zusammenhänge als die kleinen Leute konzentrierte, gab zugleich den politischen Rändern Auftrieb. Wasser auf den Mühlen der Extremen war auch, dass nunmehr die engen Grenzen nationaler Souveränität innerhalb der EU unübersehbar wurden. Während davon etwa in Griechenland und Spanien zeitweise der Linkspopulismus profitierte, entwickelte sich der Rechtspopulismus zum größten politischen Gewinner der Entwicklung.

Die Option Europa wurde so immer umstrittener. In Athen und andernorts brannten EU-Flaggen, und besonders groß war die Kritik an der Bundesregierung unter Angela Merkel, die als Haupttreiberin des Austeritätskurses galt. Als Reaktion auf die Eurozonenkrise vertiefte sich die Integration massiv, ohne dass die Bevölkerungen der Mitgliedstaaten in diesem hektischen Prozess mitgenommen wurden.

Der dadurch ausgelöste Protest ließ zugleich ein doppeltes

Paradox leicht übersehen: Ursprünglich war die Einhegung der ökonomischen Stärke Deutschlands ein wesentliches Motiv für den Euro gewesen. Ausgerechnet die gemeinsame Währung entwickelte sich nun zum Hebel einer wesentlich von Berlin geprägten Europapolitik. Die Bundesregierung bestand zusammen mit anderen stabilitätsorientierten Staaten auf der Geltung des bestehenden Systems. Priorität erhielt, durch Austerität und ein gewisses Mehr an Integration das Gesamtgefüge zu retten.

Das zweite Paradox war noch viel weniger sichtbar: Je mehr der Kurs auf Austerität zu drehen schien, desto mehr wurden parallel dazu die Maastrichter Kriterien ausgehöhlt. Die von den Nehmerländern geforderte Vergemeinschaftung der Schulden stieß zwar auf unüberwindbaren Widerstand in den Geberländern – in diese Richtung vertiefte sich die europäische Einigung kaum. Denn ein derartiger Kurs war in den Gläubigerländern nicht durchsetzbar: Klischees über das angeblich faule Südeuropa heizten die Debatte an. Zugleich floss jedoch aus den Geberländern auf einmal viel Geld in andere Staaten, während man der eigenen Bevölkerung zuvor vermittelt hatte, dass die Kassen leer seien. Deswegen wäre es falsch, die Maßnahmen einfach als neoliberal zu bezeichnen. Die massenhaften Ankäufe von Staatsanleihen durch die EZB und die dauerhafte Einrichtung des ESM unterspülten die 1992 festgelegte No-Bailout-Klausel, laut der die EU und die Mitgliedstaaten nicht für Verbindlichkeiten einzelner Länder haften. Schleichend wandelte sich der Kurs weg von jener währungspolitischen Orientierung, auf die Deutschland und andere Gläubigerstaaten ursprünglich bestanden hatten; stattdessen erhielt die EZB eine ungemein politische Rolle. Trotz oder gerade deswegen prasselte von allen Seiten Kritik auf die EU ein und bezog sich keineswegs nur auf konkrete Maßnahmen, sondern auch auf diese als Ganzes. So resultierte die Wirtschaftskrise in einer Vertrauenskrise, mit der das vorherige Modell des apertistischen Liberalismus seine Prägekraft einbüßte.

Für Rentner wie den Griechen Stelios Vitzilaios, der mit vierzehn in die Arbeitswelt eingestiegen war und dessen Rente vor der Krise 650 Euro betragen hatte und nun um 100 Euro gekürzt wurde, machten die beiden Paradoxien keinen Unterschied; er hatte ganz andere Sorgen. Für das Gesamtgefüge der EU kam die schleichende währungspolitische Umorientierung dagegen einem wichtigen Wandel gleich, der verdeutlicht, dass trotz Austerität die Vergemeinschaftung ein neues Niveau erreichte.

Die Eurokrise legte außerdem offen, wie weit die europäische Integration mittlerweile vorangeschritten war und genau dadurch die Mitgliedstaaten spaltete. Mehr noch als in der Aufbauphase der gemeinsamen Währung zeigte sich, wie sehr sich staatliche Souveränität transformiert hatte, mit entsprechend geschrumpften nationalen Handlungsspielräumen als Folge. Europapolitik stellte Regierungen und Bevölkerungen vor schwierige Entscheidungen. Das Regelwerk der EU produzierte Gewinner und Verlierer. So standen zum Beispiel Griechenland in der Krise aufgrund des Euro klassische Kriseninstrumente wie die Abwertung der eigenen Währung nicht zur Verfügung. Dagegen profitierte die von der Krise ohnehin weniger getroffene Bundesrepublik sogar: Aufgrund ihrer Stabilität konnte der Staat hier kurzfristige Anleihen zu Minuszinsen aufnehmen, also durch neue Schulden Geld einnehmen. Dass Europäisierung gerade nicht automatisch Homogenisierung meinte, verdeutlicht auch ein Vergleich von Estland und Griechenland: Während sich das Bruttoinlandprodukt pro Kopf in dem baltischen Staat zwischen 2010 und 2019 von 11 000 auf 21 000 Euro fast verdoppelte, sank es gleichzeitig in Griechenland von 20 000 auf 17 000 Euro ab.

Integration zwang die Länder in ein gemeinsames Korsett, trieb sie zugleich jedoch auseinander. Da der Preis für die Aufgabe des institutionell Gewachsenen unverhältnismäßig groß erschien, reagierte man auf dieses Paradoxon durch weitere Schritte europäischer Einigung – niemals zuvor hatte die EU so große materielle und institutionelle Ressourcen mobilisiert, um ganze Volkswirtschaften zu retten. Die Maßnahmen machten jedoch Halt vor einer Vergemeinschaftung der Schulden, wie sie etwa die Regierungen in Athen, Madrid, Paris und Rom forderten. Als Kompromiss entschied man sich für den Weg des geringsten Widerstands, mit dem sich der Euro am Leben erhalten ließ. Dieser Ansatz hatte tragende neoliberale Anteile, die ihr zugrundeliegende Logik zielte jedoch weniger auf Öffnung als in den zwei Dekaden zuvor.

Eine ganz andere Weise, am Vorhandenen herumzuflicken, prägte die Entwicklungen im Bereich Migration und Asyl. Auch hier handelte es sich um eine von außen auf die EU einstürzende Krise, die aber schnell die Mängel ihrer bisherigen Regelungen offenlegte. In diesem Politikfeld fuhr man ebenfalls auf Sicht; allerdings konnten sich die Mitgliedstaaten nicht auf Vertiefung als Lösungsansatz verständigen. Vielmehr hatten die Absicherung des Bisherigen und die Abschottung nach außen Priorität.

Diese Krise erreichte ihren Höhepunkt 2015, als mehr als eine Millionen Menschen in die EU flüchteten. Die Gründe für diese Bewegung waren vielfältig, und sie hatten zumeist ihren Ursprung in den durch Krieg, ökologische Krisen und Armut geprägten Gegenden des Nahen und Mittleren Ostens sowie in Afrika, wobei der prozentual größte Anteil der Menschen aus Syrien kam. Der damals geläufige Begriff «Flüchtlingskrise» schrieb das Problem tendenziell den fliehenden Menschen zu, nicht so sehr dem politischen Umgang mit den Herausforderungen. Dementsprechend zielten viele der Ansätze der EU und ihrer Mitgliedstaaten darauf, die Zahl der in der EU ankommenden Menschen zu verringern, nicht so sehr die Ursachen von Flucht und Migration anzugehen oder das eigene Regelwerk konsistenter zu machen – obwohl aus Expertenkreisen solche Forderungen schon lange die Runde gemacht hatten und 2015 im Grunde nur ein vorhandenes Problem unübersehbar wurde.

Bereits in den Jahrzehnten zuvor waren die Möglichkeiten für Geflüchtete und Schutzsuchende, legal in der EU aufgenommen zu werden, immer weniger geworden. Zugleich waren für die meisten Arbeitsmigrantinnen und -migranten aus dem globalen Süden die Tore Europas verschlossen. Auch 2015 scheiterten viele bei dem Versuch, in die EU zu gelangen; für manche endete dies tödlich. Im September des Jahres ging das Bild des zweijährigen Alan Kurdi um die Welt: Der syrische Junge aus einer kurdischen Familie hatte zusammen mit seinem drei Jahre älteren Bruder und seinen Eltern bereits zwei gescheiterte Versuche in die EU zu fliehen hinter sich. Den dritten unternahmen die Kurdis am frühen Morgen des 2. September von der türkischen Küste aus in einem Schlauchboot, um die 4 km entfernte griechische Insel Kos zu erreichen. Alan ertrank. Sein Bruder Galip ertrank. Seine Mutter Rehan ertrank; allein der Vater Abdullah überlebte. Das Foto von Alans an der türkischen Küste angespültem Leichnam ging um die Welt – und steht für die vielen Tausend anderen, die namenslos starben und für die Europa keine Rettung brachte.

Selbst diejenigen, die in die EU gelangten, sahen sich mit großen Herausforderungen konfrontiert. Die Situation glich einem Spiegel der Probleme und Defizite europäischer Einigung in dem Bereich. Aufnahme, Abschiebung und Abweisung der Ankommenden verliefen teilweise äußerst chaotisch. Das Regelwerk, um Chancen auf Asyl zu erhalten, wurde verschärft. Angesichts von humanitären Katastrophen auf Booten und in Lagern klangen die Phrasen von der EU als Wertegemeinschaft hohl. Rechtlich war laut der Dublin-Regelungen seit den 1990er Jahren jenes Land für ein Asylverfahren zuständig, in dem eine Migrantin oder ein Migrant erstmals EU-Boden betrat. De facto hieß dies, dass die Hauptlast bei den Mittelmeer-Anrainerstaaten lag, was deren Kapazitäten bereits vor 2015 zunehmend überforderte. Ihr Drängen auf ein ausgewogeneres System scheiterte jedoch am Widerstand anderer Mitgliedstaaten. Die Mittelmeer-Anrainerländer gingen vor diesem Hintergrund zu der Praxis über, einen Teil der nicht Registrierten über die eigenen Grenzen hinweg nach Norden durchzuwinken.

All dies spitzte sich 2015 zu. Seit dem Frühjahr gelangten immer mehr Menschen über das östliche Mittelmeer in die EU, die übergroße Mehrzahl von der Türkei nach Griechenland. Viele hofften, von dort schnell innerhalb der EU weiterzureisen, etwa nach Großbritannien, Deutschland oder Skandinavien. Der griechische Staat, durch die Auswirkungen der Eurokrise stark gebeutelt, öffnete seine Grenzen nun noch stärker gen Norden; auch Italien ging diesen Schritt. Bald bewegten sich Hunderttausende ohne gültige Papiere in der EU.

Angesichts der Entwicklungen schienen die Dublin-Regelungen

sowie das Schengen-System nicht das Papier wert zu sein, auf dem sie niedergeschrieben waren. Zahlreiche Mitgliedstaaten reagierten auf die Situation mit nationalen Alleingängen. Insgesamt wurde die Außengrenze phasenweise überaus durchlässig, dagegen gingen innerhalb der EU die Barrieren hoch – beides widersprach dem Geist von Dublin und von Schengen, in manchen Fragen auch den eingegangenen Verpflichtungen. Häufig waren die Maßnahmen zudem nicht mit den anderen Mitgliedstaaten abgestimmt. Das galt nicht nur für die Öffnung nach außen und die Abschottung nach innen, sondern ebenfalls für deren Gegenbewegungen, etwa als die deutsche und die österreichische Regierung in der Nacht vom 4. auf den 5. September 2015 angesichts des humanitären Dramas beschlossen, ihre Grenzen für bereits in die EU geflüchtete Menschen zu öffnen. Dieser Mangel an Koordination schwächte die EU deutlich und stellte ihre Regelungen nur noch weiter in Frage.

All dies hatte Konsequenzen über den Asylbereich hinaus. Medial stellte Schengen nicht mehr das Aushängeschild eines zwar kontrollierten, aber vor allem offenen Europas dar, als das es seit dem ersten entsprechenden Abkommen dreißig Jahre zuvor erschienen war. Stattdessen prägten große Gruppen von undokumentiert in die EU Eingereisten, nationale Abriegelungsmaßnahmen, aber auch Widerstand gegen die Beschränkungen die Bilder. Zuvor hatte es harte Grenzen nach außen gegeben. Je stärker diese aufweichten, desto mehr wurden die lange kaum sichtbaren Grenzen im Inneren der EU wieder spürbar.

Schengen verwandelte sich noch aus einem zweiten Grund zunehmend in ein Sicherungsprojekt: Attentate islamistischer Terroristen, etwa in Paris im November 2015 und in Brüssel im März 2016, führten ebenfalls zu schärferen Grenzkontrollen innerhalb des Schengen-Raums und dazu, dass die zuvor vollzogene Öffnung wieder eingeschränkt wurde. Insofern betraf der Kurswechsel nicht nur Asylsuchende, sondern zum Beispiel auch transnationale Pendler und Unternehmen.

Die EU zeigte sich durch die Herausforderungen von Asyl, Migration und Grenzverkehr aber nicht nur praktisch überfordert. Zugleich führte die Suche nach der richtigen Lösung zu tiefen Zerwürfnissen zwischen und innerhalb ihrer Gesellschaften. Auf der einen Seite stand eine ungekannte Solidarität mit den ankommenden Menschen und ein Kraftakt von Verwaltungen und Zivilgesellschaft, diesen zu helfen. Auf der anderen Seite befand sich ein häufig rassistisch grundierter, nationalistischer und autoritärer Populismus auf dem Vormarsch, und zwischen beiden Polen fragten sich viele, ob die Hilfen die Möglichkeiten der eigenen Gesellschaft überforderten – und erneut, warum auf einmal Geld vorhanden war, während zuvor so vieles als unfinanzierbar gegolten hatte.

Ansätze, die Krise durch ein Mehr an Integration zu überwinden, ließen sich in diesem aufgeladenen Klima anders als bei der Eurokrise nicht verwirklichen. Dabei präsentierte die Kommission durchaus entsprechende Vorschläge, 2015 zum Beispiel für einen Verteilungsschlüssel der Ankommenden auf die Mitgliedstaaten. Von den Ideen wurde aber wenig in die Praxis umgesetzt, so dass im Gegensatz zur Währungsfrage die Krise nicht in eine Vertiefung europäischer Einigung mündete. Institutionell entstanden in dem Bereich keine starken, zentralisierten Institutionen, wie sie etwa die EZB für den Währungssektor darstellte.

Vor allem aber ließ sich kein Konsens darüber herstellen, worin überhaupt die Herausforderung bestand. Viele Länder sahen wenig Reformbedarf, da ihnen ihre geographische Lage und das vormals vereinbarte System einen Großteil der Last abnahmen. Dagegen drängten vor allem die Staaten mit vielen Asylanträgen auf Reformen, ganz besonders die Mittelmeer-Anrainer. Zugleich verliefen die Debatten häufig nationalzentriert und mit einem Schwerpunkt auf den Interessen der jeweiligen Gesellschaften, anstatt die EU als Ganzes oder die Not der betroffenen Menschen ins Zentrum zu rücken. Die Rückkehr zum Status quo, flankiert durch lediglich kleine neue Komponenten, erwies sich angesichts der Konflikte als kleinster gemeinsamer Nenner. Die EU beugte sich dem autoritär-populistischen Druck nicht ganz, verwandelte sich aber nach außen hin noch mehr in eine Festung.

Sicherung des Vorhandenen hieß vor allem, den Problemdruck von außen zu reduzieren – teilweise mit völkerrechtlich und ethisch fragwürdigen Methoden. Verhandlungen mit der Türkei von 2015/16, woher damals das Gros der Menschen in die EU gelangte, reduzierten letztlich die Herausforderung für die Europäische Union markant. Gegen Milliardenzahlungen erklärte sich die Türkei bereit, alle illegal nach Griechenland eingereisten Personen zurückzunehmen, vor allem aber, keine weiteren mehr in die EU durchzulassen. Diese und andere Teile des Deals, der aus europäischer Perspektive das Problem im Wesentlichen an andere abschob, wurden nur in Teilen umgesetzt. Dennoch versuchten in den Jahren nach 2016 deutlich weniger Menschen in die EU einzureisen. Wiewohl auch Milliarden in weitere Länder flossen, um dort Schutzsysteme zu errichten, Konflikte zu befrieden und den Menschen zu helfen, baute die EU weniger auf ein besseres Asyl- und Migrationsmanagement an den eigenen Grenzen, sondern hauptsächlich auf Abschreckung und Versicherheitlichung – Worte, die genauso hässlich klingen wie die Realität, die sich dahinter verbirgt.

Zugleich schwächte dies das institutionelle Europa. Die EU zerfiel in Teilgruppierungen, seien es die phasenweise besonders aufnahmewilligen Staaten wie Deutschland und Schweden, oder seien es die reformverweigernden ostmitteleuropäischen Visegrád-Staaten (Polen, Slowakei, Tschechien, Ungarn). Durch den Türkei-Deal machte sich die EU als Ganzes zudem von einem Drittstaat abhängig, der nicht erst seit dem gescheiterten Putsch-Versuch 2016 immer autoritärere Züge entwickelte. Wenn jetzt immer häufiger das Stichwort eines «Europa, das schützt» die Runde machte, war damit besonders eines gemeint: Ein Europa, das *sich selbst* schützt.

## 2. Sichern und schließen

Im März 2010 brach in Island ein Vulkan mit unaussprechlichem Namen aus. Seine Aschepartikel waren der Grund, warum im April in und um Europa über 100 000 Flüge ausfielen. Der Ausbruch des Eyjafjallajökull bildete den Auftakt für eine Vielzahl weiterer Krisen im Verlauf der darauffolgenden Dekade. Wählerwille, Wertefragen, Viren und Weiteres füllten die Schlagzeilen.

Gegenüber dem Trennenden schien das Gemeinsame zumeist zu überwiegen, und als Reaktion konzentrierte sich die EU mehr noch als zuvor darauf, ihren Bestand zu sichern.

Am deutlichsten zeigte sich dies am Brexit. Premierminister David Camerons Entscheidung, ein Referendum über die Mitgliedschaft des Vereinigten Königreichs abzuhalten, lag die Hoffnung zugrunde, die seit über vier Jahrzehnten konfliktreiche Frage über den Verbleib seines Landes in der EU für ein und alle Mal zu klären und zugleich der Anti-EU-Partei UKIP das Wasser abzugraben. Als sich am 23. Juni 2016 eine Mehrheit von 52 Prozent für den Austritt aussprach, waren sogar viele Brexiteers über das Ergebnis überrascht. Für die Hauptstädte der anderen EU-Staaten kam das Ergebnis einem Schock gleich, da sich damit das bisherige Mantra endgültig als falsch erwies: Fortan war unübersehbar, dass der Einigungsprozess mehr Bewegungsrichtungen kannte als Erweiterung und Vertiefung, nur gelegentlich von krisenhaften Pausen unterbrochen. Die früheren Austritte von Algerien 1962 und Grönland 1985 verdeutlichen, dass eine allein auf Fortschritt verengte Sicht immer problematisch war; bis 2016 hatte sie vielen dennoch als Leitschnur gedient.

Jahrelange, zähe Verhandlungen schlossen sich an. Dabei wurde deutlich, wie schwierig und strittig es geworden war, die EU zu verlassen. Der Einigungsprozess hatte sich vor allem seit der Transformationsphase ab den 1980er Jahren so sehr vertieft, dass ein schneller, harter Schnitt technisch unmöglich und politisch höchst kontrovers geworden war. Die schwierigen Brexit-Verhandlungen legten die Spaltung der britischen Gesellschaft offen, vertieften die Kluft zwischen den Lagern und stürzten das Land in eine tiefe Krise. Das galt umso mehr, da die Austrittsperspektive separatistische Debatten besonders in Schottland und Nordirland befeuerte. Der Brexit, als Befreiungsschlag zugunsten nationaler Souveränität in Szene gesetzt, verwandelte sich in einen Bumerang, der den schieren Fortbestand des Vereinigten Königreichs gefährdete.

Für die verbleibende EU entwickelte sich der Brexit ebenfalls zu einer Zerreißprobe, die sie besser als erwartet überstand. Der

Austritt schwächte angesichts des ökonomischen und politischen Gewichts des Vereinigten Königreichs die Union deutlich. Außerdem konnte die Rest-EU mit keiner klaren, zukunftsgerichteten Vision als Gegennarrativ zum Austrittslager aufwarten. Allerdings gelang es ihr, in einem für viele Beobachter überraschenden Maß mit einer Stimme zu sprechen. Versuche aus London, die Mitgliedstaaten gegeneinander auszuspielen, liefen ins Leere – vor allem aufgrund der Furcht in Dublin, Madrid, Rom, Vilnius und anderswo, dass ein zu guter Deal für das Inselreich die zentrifugalen Tendenzen in weiteren Mitgliedstaaten beflügeln würde. Vor allem ihr historisches Kernprojekt, der Binnenmarkt, erwies sich als überraschend robust, und die EU verteidigte erfolgreich dessen Integrität. So paradox es klingen mag: Gerade beim Brexit gelang es der EU in erstaunlichem Maße, den Bestand zu sichern. Was sich für das Vereinigte Königreich zum nationalen Trauma entwickelte, blieb für die EU lediglich eine ihrer vielen Krisen, die sie recht gut bewältigte.

In diesem Kontext entwickelte sich Geschlossenheit zum neuen Mantra der verbleibenden Mitgliedstaaten. Zuvor hatte die Eurokrise überall populistischen Gruppierungen Zulauf beschert, besonders denen des autoritären, nationalistischen Lagers. Ob Marine Le Pen in Frankreich, Geert Wilders in den Niederlanden oder die FPÖ in Österreich: Sie und andere plädierten bis 2016 häufig für einen Austritt ihres Landes aus der EU. Dass Putin und bald auch Trump diese Option stützten, erhöhte nicht nur den Druck von außen, sondern löste zugleich Gegentendenzen aus: Viele Menschen kritisierten zwar die EU, wollten sich aber mit diesen Positionen nicht gemeinmachen. Seit zudem die Schwierigkeiten der Brexiteers unübersehbar wurden, spielte die Austrittsperspektive in anderen EU-Staaten kaum mehr eine Rolle. Daran dürfte sich so lange nichts ändern, wie der Brexit ein größeres Problem für das Vereinigte Königreich als für die EU darstellt.

Zugleich haben durch den Brexit die Konflikte innerhalb der EU nichts an Schärfe verloren. Da der Einsatz so hoch ist, wird mit harten Bandagen gekämpft. Außerdem spiegelt sich auf europäischer Ebene jene wachsende gesellschaftliche Polarisierung wider, die man verstärkt seit den 2000er Jahren auch innerhalb der Mitgliedstaaten findet. Wie auch in anderen Teilen der Welt wird das klassische politische Rechts-Links-Schema zunehmend durch Gegensätze zwischen autoritär-ethnozentrischen und liberal-kosmopolitischen Entwürfen überlagert. War Kritik an ökonomischer Globalisierung lange ein Thema der Linken gewesen, wurde sie nun zunehmend auch vom autoritär-ethnozentrischen Lager besetzt, das zugleich zumeist der EU negativ gegenübersteht. Bei der Wahl zum Europäischen Parlament im Mai 2014 – der ersten auf Grundlage des Lissabonner Vertrags mit seiner Neuverteilung der Sitzzahl pro Land – erreichten die rechten, EU-kritischen Parteien knapp 20 Prozent der Sitze; zusammen mit weiteren euroskeptischen Parteien summierte sich ihr Anteil sogar auf knapp 30 Prozent der Sitze, rund 10 Prozentpunkte mehr als bei der davorliegenden Wahl. So sehr dieses Lager in sich zerstritten blieb, sah sich die EU in diesem Forum herausgefordert wie nie zuvor.

Eine schleichende, weniger sichtbare Gefahr für die EU kommt hinzu: Zunehmend zielt Grundsatzkritik nicht mehr auf Austritt, sondern auf einen Umbau und eine Entkernung der Union. Die Politik des ungarischen Premierministers Viktor Orbán mit seiner Vorstellung einer «illiberalen Demokratie» bildet hierfür das prominenteste Beispiel: Eine zunächst durch freie, allgemeine und faire Wahlen legitimierte Regierung betreibt den Abbau von Rechtsstaatlichkeit, Minderheitenschutz und die Schwächung der unabhängigen Presse; sie wendet sich insbesondere gegen die Idee einer pluralistischen Gesellschaft und setzt dagegen ein Modell, das auf einem traditionellen Verständnis von Christentum, Geschlechterordnung und Nation beruht. Ähnliche Vorstellungen haben nicht nur in Polen und der Slowakei, sondern fast überall an Einfluss gewonnen.

Diese Umorientierung bezieht sich in erster Linie auf die nationale Ebene, hatte aber auch für die EU wichtige Implikationen. In ihren Institutionen sind die Vertreterinnen und Vertreter des autoritären Populismus (bislang) zu schwach, um eine grundsätzliche Neuordnung der Union durchzusetzen. Populistische Kräfte haben es aber sehr wohl verstanden, Reformen, etwa in

Bezug auf Asyl und Migration sowie eine stärkere Wertebindung, zu verwässern oder zu verhindern und sich dabei als Retter des «wahren» Europas zu stilisieren.

Die EU hat all dem wenig entgegensetzen können. Zwar löste die Europäische Kommission Ende 2017 erstmals das im Lissabonner Vertrag vorgesehene Rechtsstaatsverfahren aus – als ein weiteres Zeichen dafür, dass sie sich unter Präsident Juncker nicht nur als Hüterin der Verträge, sondern auch als politische Akteurin verstand. Anlass war eine umstrittene Justizreform in Polen. Die dortige Regierung lenkte ein, aber nur so weit wie unbedingt nötig. Ähnlich verhielt sich die ungarische Regierung – in Bezug auf Ungarn wurde von verschiedenen Seiten ein Rechtsstaatsverfahren häufig gefordert, nicht aber eingeleitet. Die Mechanismen, um die Werte und Normen der EU in ihrem Innern zu sichern, blieben ungenügend. Damit handelte sich die EU viel Kritik von jenen ein, die auf sie als Wertegaranten setzten und es ablehnten, mit ihren Steuergeldern Staaten mit illiberalen und zunehmend autoritären Zügen zu finanzieren. Zwischen Anspruch und Wirklichkeit klaffte eine immer größere Lücke.

Allgemein verfügt die EU zwar über umfangreiche Mechanismen, um einen Beitrittsprozess zu kontrollieren. Nach Aufnahme gelingt es recht gut, Verstöße im Bereich der Wirtschaft als ursprünglichem Kern europäischer Einigung zu sanktionieren. Bei Verletzungen von Rechtsstaatlichkeit und Demokratie, die bis heute in der EU juristisch viel weniger ausbuchstabiert sind, stellt sich das als deutlich schwieriger dar. Beschlüsse vom Jahresende 2020, gegen den Widerstand von Polen und Ungarn gefasst, konnten dieses Defizit etwas ausgleichen. Das Wertefundament bleibt dennoch eine weiche Flanke der EU.

Nicht nur das offizielle Europa hat der Herausforderung durch autoritären Populismus etwas entgegenzusetzen versucht. Als Reaktion auf die Krise im Innern der EU ebenso wie als Gegenentwurf zu einer Welt, in der von Brasilien bis Indien, von Russland bis zu den Philippinen, von den USA bis in die Türkei der autoritäre Populismus Zeitgeist und Politik zunehmend prägte, traten vermehrt die Bürgerinnen und Bürger selbst für die

EU ein. War die Wahlbeteiligung seit den ersten Direktwahlen zum Europäischen Parlament von 1979 bis 2014 kontinuierlich gefallen, lag der Wert 2019 höher als bei den Abstimmungen in den zwanzig Jahren davor. Die weitere Bedeutungszunahme von EU-kritischen Parteien setzte sich bei der Europawahl nicht weiter fort. Die Zivilgesellschaft mobilisierte neue Kräfte, etwa in Form der 2016 gegründeten «Pulse of Europe»-Bewegung. Je stärker das Wissen um Verletzlichkeit und Fragilität des Einigungsprozesses zunahm, desto mehr Menschen gingen für die EU auf die Straße. Politisierung erfolgte somit nicht nur gegen die EU oder durch Institutionen wie die Kommission, sondern auch von zivilgesellschaftlicher Seite zu ihren Gunsten. All dies war nicht grundlegend neu, gewann nun jedoch eine veränderte Qualität, die den Einigungsprozess seitdem prägt.

Ob sich solche Impulse dauerhaft mobilisieren oder gar in neue institutionelle Formen der Bürgerbeteiligung überführen lassen, muss sich erweisen. Denn dass manchmal übersteigerte Angstszenarien oder Hoffnungen aufgebaut wurden, die dann Enttäuschungen über die nächsten Schritte umso größer machten, verdeutlichen die Europawahlen ebenfalls: 2019 war das auf rechtlich wackeliger Basis eingerichtete Spitzenkandidatenmodell mit großen Erwartungen aufgeladen worden, der EU eine größere demokratische Legitimation zu verleihen. Dadurch fühlten sich die Staats- und Regierungschefs jedoch nicht gebunden und bestimmten in einem typischen Akt von Hinterzimmerpolitik Ursula von der Leyen zur Präsidentin der Europäischen Kommission. So bemerkenswert es ist, dass erstmals eine Frau dieses Amt übernahm, ließ der Prozess viele enttäuscht auf das Brüsseler Geschacher schauen.

Die Zerreißproben im Innern der EU gingen einher mit einer sinkenden Attraktivität nach außen. Sicherlich, 2013 stieß Kroatien als 28. Mitgliedstaat zur EU, und mit den Anrainerstaaten des Westbalkans und der Türkei fanden weiterhin Verhandlungen als (mögliche) Beitrittskandidaten statt. Große Hoffnungen verbanden sich auf beiden Seiten mit den Gesprächen jedoch nicht mehr, und in der EU machte sich Erweiterungsmüdigkeit breit. Besonders das Verhältnis zur Türkei, die sich phasenweise als eigenständig agierende Regionalmacht in Abgrenzung zur EU verstand, wurde in den 2010er Jahren überaus schwierig. Island, das 2009 einen Beitritt beantragt hatte, zog dies 2015 offiziell wieder zurück; in der Schweiz blieb das Verhältnis zur EU ebenfalls umstritten und mündete in keine weitere Annäherung. Der Utopieverlust des europäischen Projekts spiegelt sich ferner darin, dass seine globale Strahlkraft als Modell regionaler Integration angesichts des weltweiten Aufstiegs (neo-)nationalistischer Kräfte, der Krise des Multilateralismus und der neuen Rolle Chinas deutlich abnahm. Auch hier ging es um Sicherung des Bestands sowie eine gewisse Handlungsfähigkeit, nicht um weitreichende Hoffnungen und große Würfe.

Zugleich stand die kräfteraubende Beschäftigung mit den inneren Problemen einer wirkungsvollen Weiterentwicklung der Außen- und Sicherheitspolitik sowie dem Ausbau der Beziehungen zu den Ländern der unmittelbaren Nachbarschaft entgegen. Es kam zwar zu institutionellen Reformen, wie der Schaffung des sogenannten EU-Außenbeauftragten auf Grundlage des Lissabonner Vertrags. Solche organisatorischen Veränderungen übersetzten sich aber nicht direkt in spürbare Politik. Auf den «arabischen Frühling» ab Ende 2010, in dem sich Menschen in einer Reihe von Staaten Nordafrikas und des Nahen Ostens gegen die jeweiligen autoritären Regime auflehnten, fand die EU lange keine überzeugende Antwort. Vollmundigen Ankündigungen aus Brüssel, etwa «Tunesiens stärkster Verbündeter auf dem Weg in Richtung Demokratie» zu sein, folgte wenig Konkretes und vor allem wenig grundsätzlich Neues, als die Situation dort einen höheren Einsatz verlangt hätte. In Bezug auf eine internationale militärische Intervention in Libyen zeigte sich die Europäische Union 2011 gespalten, und sie konnte als Ganzes auf die Konflikte kaum Einfluss nehmen. Gemessen an der Komplexität der Probleme war das vielleicht nicht sehr überraschend. Gemessen am Anspruch, als Wertegemeinschaft handlungsfähig zu sein und eine wirkungsvolle gemeinsame Nachbarschafts- und Außenpolitik zu betreiben, durchaus. Statt der Unterstützung von Demokratiebewegungen legte die EU vor allem ab 2015 auch hier einen Schwerpunkt auf die Absicherung des Eigenen.

Wo die EU zunächst klare Position bezog, wie in der Ukraine, wirkte das tendenziell krisenverschärfend. Das lange verfolgte Modell, sich als attraktiver Magnet für Staaten in ihrer Nachbarschaft zu sehen, geriet endgültig in die Krise. Als die EU zwischen 2012 und 2014 mit Kiew über ein Assoziierungsabkommen verhandelte, unterschätzte sie die geostrategische Brisanz der Lage. Diese wurde durch die Frage einer möglichen NATO-Mitgliedschaft der Ukraine besonders verschärft. Ohne diesen Zusammenhang, den man im Kreml überaus kritisch sah, hinreichend zu beachten, drängte die Europäische Kommission unter José Manuel Barroso auf eine Assoziierung der Ukraine mit der EU. Präsident Wiktor Janukowytsch lehnte es am Ende jedoch ab, das entsprechende Abkommen zu unterschreiben. Daraufhin gingen Hunderttausende zugunsten des Abkommens und weiterer Reformen auf die Straße; Janukowytsch wurde des Amtes enthoben und floh Richtung Russland. Der Konflikt eskalierte vollends, als die russische Regierung unter Wladimir Putin die Ukraine im Februar/März 2014 durch die Annexion der Krim und einige Wochen später durch einen Krieg in zwei ostukrainischen Verwaltungsbezirken destabilisierte.

An der Ukraine lässt sich ablesen, wie sehr die EU ihre Möglichkeiten überschätzt hatte, ein zutiefst gespaltenes Land in ihre Richtung zu ziehen. Die Europäische Union hatte keinen Völkerrechtsbruch begangen und den Konflikt nicht gewollt. Ihre Partnerschaftspolitik bildete jedoch einen der Vorwände für die russische Politik offener und verdeckter Gewalt. Die EU reagierte darauf mit Sanktionen gegen Moskau, die deutlich anzogen, als im Sommer 2014 ein Flugzeug der Malaysia Airlines mit vielen niederländischen Touristen an Bord über der Ostukraine abgeschossen wurde. An der prekären Lage in der Region und der aggressiven Politik Putins änderte dies nichts, wenngleich die EU einen Anteil an der Errichtung von Waffenstillstandsabkommen für die Ostukraine hatte. In sicherheitspolitischen Fragen zeigte sich, wie viele Kompetenzen weiterhin bei den Mitgliedstaaten lagen, so dass von einer Haltung «der» EU oft keine Rede sein konnte. Denn allein an den Militärausgaben lässt sich die Schwäche der Union nicht festmachen.

Ohne Großbritannien standen die Länder der EU 2019 für weltweit rund 12 Prozent der globalen Militärausgaben – und damit zwar deutlich hinter den USA mit ihren 39 Prozent, aber klar vor China mit 10 Prozent und Russland mit knapp 4 Prozent. Europa verfügt somit nach wie vor über ein bedeutsames Militärpotential. Im Verhältnis zu den Mitgliedstaaten gelang es der EU jedoch nur in Ansätzen, sich zu einer schlagkräftigen sicherheitspolitischen Akteurin auf der weltpolitischen Bühne zu entwickeln. Vielmehr blieben die Effekte deutlich hinter den selbst gehegten Erwartungen zurück.

Verschärft wurden diese Probleme durch die zunehmende transatlantische Kluft, besonders in den Jahren der Trump-Administration von 2017 bis 2021. Der US-Präsident äußerte sich überaus kritisch gegenüber der EU und unterstützte den Brexit. Statt Kooperation prägten Spannungen mit den EU-Institutionen seinen Kurs – ganz, wie Trump dem Multilateralismus sowie dem Freihandel allgemein den Krieg erklärte sowie die Rolle der NATO in Frage stellte. Von einer transatlantischen Brücke verwandelte sich der Handel in ein Konfliktfeld. Statt Liberalisierung standen Strafzölle und entsprechende Vergeltungsmaßnahmen auf der Tagesordnung, die protektionistische Impulse auf beiden Seiten beflügelten. Hinzu kam Streit bei zentralen weltpolitischen Problemen, wie dem Atomabkommen mit dem Iran, bei dessen Ausverhandlung zwischen 2003 und 2015 die EU eine globale Rolle gespielt hatte. Die ansonsten so unpathetische Angela Merkel sprach vielen aus der Seele, als sie nach äußerst irritierenden Auftritten Trumps auf einer NATO-Tagung und einem G7-Gipfel im Mai 2017 befand: «Wir Europäer müssen unser Schicksal wirklich in unsere eigene Hand nehmen.»

Besonders hoch stellte sich der Problemdruck in der Sicherheitspolitik dar. Für die EU stieg er dadurch, dass manche ihrer Regierungen in wichtigen Fragen mit Trump sympathisierten, etwa die britische oder die polnische. Wiederum tat sich eine tiefe Kluft auf. Zudem schwächte der Brexit das welt- und besonders das sicherheitspolitische Gewicht der EU deutlich. Hatte es schon in den 1990er Jahren eine Debatte darüber gegeben, ob die NATO überflüssig sei, geriet die Organisation in den Trump-Jahren unter noch größeren Druck. Auch abgesehen von der hochproblematischen Rolle des 45. US-Präsidenten verloren die USA weltpolitisch an Bedeutung; selbst ein enges Bündnis hätte die sicherheitspolitische Flanke der EU und ihrer Mitgliedstaaten nicht mehr so geschützt, wie das in den Jahrzehnten des Kalten Kriegs der Fall gewesen war. Jener sicherheitspolitische Kokon, in dem sich die EU ursprünglich entwickelt hatte, zerbrach endgültig, was die Diskussion über einen massiven Ausbau eigener Kapazitäten anheizte. Die 2010er Jahre sahen letztlich jedoch nur eine Fortsetzung der bisherigen Politik der kleinen Schritte, wobei die EU zunehmend das Ziel «strategischer Autonomie» unterstrich. Ein Durchbruch zu wirklicher Eigenständigkeit ließ sich nicht erzielen; dafür blieben die Interessen, Ressourcen und Ansätze der Mitgliedstaaten zu unterschiedlich.

Sicherheitspolitisch blieb die EU also nachrangig. Wirtschaftspolitisch war sie jedoch ein Gigant. Nicht nur, dass sie den größten Handelsblock der Welt bildete. In einem von Nationalismus, Populismus und zunehmend von Protektionismus geprägten weltwirtschaftlichen Klima setzte sie weiterhin auf Multilateralismus und internationalen Handel, allerdings mit etwas anderem Akzent als zuvor. Sie schloss neue bzw. erneuerte bilaterale Handelsabkommen, etwa mit Kanada (2017), Mexiko (2018) und Japan (2019), wobei sich vor allem die Verhandlungen mit Kanada aufgrund eines Abstimmungskrimis auf EU-Seite zu einer Hängepartie entwickelten. Unter dem Druck öffentlicher Kritik wurde in Handelsfragen, lange einem Feld mit Alleinzuständigkeit der EU, den nationalen Parlamenten eine größere Rolle eingeräumt. Viele der hier formulierten Einwände waren wohlbegründet, und in ihnen äußerte sich der Widerstand in den Gesellschaften der Mitgliedstaaten gegen apertistischen Liberalismus. Ähnliches gilt für die jahrelangen Verhandlungen über ein transatlantisches Freihandelsabkommen. Diese wurden nach der Wahl Trumps auf Eis gelegt, bis dahin hatte aber auch in Europa der Protest gegen das Projekt massiv zugenommen. Eine durchgreifende Politisierung erfasste die Handelsfragen, was die globale Handlungsfähigkeit Brüssels einschränkte und zugleich auf neue Wege leitete.

Parallel dazu wuchs zwar das Handelsvolumen zwischen den USA und der EU in den ersten 20 Jahren des neuen Jahrhunderts massiv weiter an; gleichzeitig koppelte sich die amerikanische Finanzwirtschaft nach 2008 stärker von Europa ab. Außerdem wurde China für jede Weltregion und damit auch für die EU immer wichtiger. Insofern organisiert sich die Globalisierung in Europa und darüber hinaus neu und setzt weniger auf unbedingte Öffnung als zuvor. Regulierungs- und Standardisierungsbemühungen dienen nun eher dem Abschluss als der Öffnung.

Diese Tendenz verstärkte sich auch durch eine andere Dynamik. Hatte die EU bereits in den 1990er Jahren den USA global den Rang als regulatorische Führungsmacht in Fragen des Umweltschutzes abgelaufen, setzte sich dieser Trend in den 2010er Jahren weiter fort. Am deutlichsten zeigte sich das am Pariser Abkommen als einer globalen Konvention zum Schutz des Klimas, für das die EU sich vehement einsetzte. Unter Trump traten die USA aus dem Abkommen aus, was die Rolle der Vereinigten Staaten in dem Bereich nachhaltig beschädigte; sein Nachfolger Joe Biden nahm diese Entscheidung direkt nach Amtsantritt zurück. Im Gegensatz zu dieser Achterbahn in Amerika verstärkte die EU ihre Anstrengungen Ende 2020 durch ambitioniertere Ziele zur Reduktion des $CO_2$-Ausstoßes. So sehr bezweifelt werden muss, ob dieser Beitrag angesichts der drohenden Klimakatastrophe ausreicht, spiegelt sich auch darin eine Relativierung eines ökonomisch orientierten Öffnungsgedankens wider.

Über den Umweltbereich hinaus hat sich die regulatorische Rolle der EU ganz allgemein in Richtung Sicherheit verschoben. Der Datenschutz bildet lediglich das naheliegendste Beispiel, dass der «Brüssel-Effekt» heute weniger für die schiere Logik des Wohlstandsgewinns steht, und stattdessen stärker Faktoren wie Selbstbestimmung, Souveränität und Schutz betont. Das hat nicht nur Konsequenzen für den europäischen Binnenmarkt, sondern aufgrund dessen globaler Bedeutung auch für Hersteller im Silicon Valley, in Seoul und anderswo. Seit den späten 2000er Jahren setzt die EU ihre regulatorische Rolle zudem im Verhältnis zu Drittstaaten strategischer ein, was ihre weltweite Ausstrahlung weiter unterstreicht. In diesem Bereich blieb die öffentliche Debatte über die neue Rolle der EU jedoch weit hinter den Veränderungen zurück; allgemein interessierten sich nur wenige Menschen für diese globalen Prozesse.

In der Coronakrise, als jüngster Herausforderung, schienen die Aktionsmuster der EU und ihrer Mitgliedstaaten in der Anfangsphase jenen zu ähneln, mit denen man 2015 dem Anstieg der Zahl geflüchteter Menschen begegnete: Europa erlebte eine Krise des gemeinsamen Regelwerks und einen Rückzug auf nationale Alleingänge. Trotz der überaus geringen Kompetenzen der EU zur Bekämpfung einer Pandemie gleicht der Weg letztlich jenem in der Eurokrise. Man bediente sich einiger der damals erprobten Mechanismen, ging aber bald markant über den Status quo hinaus – auch hier scheint sich die EU stolpernd durch Vertiefung aus der Krise zu retten. Besonders trifft das für die Gipfelergebnisse vom Dezember 2020 zu, die den Weg für 750 Milliarden Euro an Corona-Hilfen freimachten. Dieser Schritt schuf ein Konjunkturpaket bislang unvorstellbarer Größe. Erstmals kann die EU gemeinsame Schulden aufnehmen – ein Ansatz, der kontrovers bleibt, dem in der Eurokrise aber noch unüberwindbarer Widerstand gegenübergestanden hatte. Deutlich weniger beachtet, aber mindestens so wichtig, war die dramatische Ausweitung der Geldmenge durch die EZB angesichts der Pandemie, was den Wirtschaftssystemen der Mitgliedstaaten ebenfalls half, über Wasser zu bleiben. Beide Veränderungen bergen mittelfristig große Risiken in sich, und es ist nicht klar, welchen Einfluss sie auf das Vertrauen der Bürgerinnen und Bürger in die EU haben werden. Sicher ist jedoch, dass sich der Einigungsprozess in kürzester Zeit merklich vertieft hat. Einmal mehr setzte man dabei in erheblichen Teilen auf ökonomische Instrumente, die sich lange bewährt hatten oder zumindest schon lange diskutiert worden waren, richtete sie aber auf ein neues Ziel aus.

Die neue Bedeutung des Schutzgedankens zeigte sich auch in anderen Bereichen, etwa der EU-weiten Zulassung und Beschaffung von Impfstoffen gegen Corona. Mehr als je zuvor hört man vom Ziel strategischer Autonomie und einer Verkürzung von Warenlieferketten, was wiederum einer Abkehr von der Öffnungslogik der 1990er und 2000er Jahre gleichkommt. Der Autonomiegedanke wird so auf immer weitere Felder angewandt.

Zugleich ist Corona ein Indiz dafür, dass andere übernationale Formen der Kooperation, sei es im Rahmen der Vereinten Nationen oder auf transatlantischer Ebene, deutlich an Schlagkraft verloren haben. War in der Eurokrise ein komplettes Bankendesaster nicht zuletzt durch Geheimverhandlungen verhindert worden, in denen die US-Notenbank Fed ihrem europäischen Widerpart durch eine Reihe von Mechanismen weitreichende Unterstützung gewährte, war eine derart intensive Form transatlantischer Kooperation in der Amtszeit von Donald J. Trump undenkbar und ist aufgrund des gewachsenen Autonomiedenkens weltweit auch darüber hinaus nur noch schwer vorstellbar. Zugleich hat ein sehr breit verstandenes Konzept von Sicherung die einstmals dominante Rolle einer ökonomisch getriebenen Öffnung verdrängt.

## VI. Fazit

Wenn man den Schlagzeilen in den Medien glaubt, befindet sich die Europäische Union seit langer Zeit in einer fast endlos erscheinenden Schleife von Krisen, und auch in diesem Buch war viel von den Herausforderungen und Gefährdungen der europäischen Einigung im Verlauf der Dekaden die Rede. Bereits die Gründungsgeneration des institutionalisierten Europas dachte über dieses Problem nach; Jean Monnet war «immer davon überzeugt, dass Europa in Krisen entstehen wird, und dass es die Summe der Lösungen sein würde, die man für diese Krisen findet.» Tatsächlich haben es die Europäische Gemeinschaft und in jüngerer Zeit die Europäische Union immer wieder verstanden, Krisen produktiv zu wenden. Statt zu einem Rückbau oder Ende der Institutionen zu führen, hatten Herausforderungen mehrfach eine Neuausrichtung und erstaunlich oft einen Bedeutungsgewinn des Projekts Europa zur Folge. Insofern sollte man sich von den aufgeregten tagespolitischen Debatten nicht verwirren lassen; in vielen Fällen haben diese mit der vielschichtigen und zuweilen widersprüchlichen Entwicklung der EU nicht sehr viel zu tun.

Der schrittweise Aus- und Umbau geschah nicht aufgrund eines übergreifenden Plans, einer tragenden Wertebasis oder auch nur, weil er dem Wunsch der Brüsseler Bürokratie entsprochen hätte, sondern vielmehr, weil sich die Regierungen der Mitgliedstaaten und andere Akteure als Ergebnis komplizierter Aushandlungs- und Lernprozesse häufig in diese Richtung bewegten. Deshalb war das Projekt Europa im gesamten Zeitraum vor allem Kompromiss- und Ermöglichungsmaschine, ohne dass es konsequent jenem «immer engeren Zusammenschluss» verpflichtet gewesen wäre, den die Verträge seit den 1950er Jahren beschwören.

Dieses Muster lässt sich mit besonderer Deutlichkeit in den 1970er und den 2010er Jahren erkennen: Während man jeweils viel über Probleme und Schwächen sprach, gewann der Einigungsprozess dennoch merklich an Gewicht, sei es durch neue Kompetenzen oder zusätzliche Mitgliedstaaten. Interessanterweise vollzogen sich manche dieser Schritte außerhalb der großen Verträge und gelegentlich zunächst in Form informeller Übereinkünfte oder kleiner Anfänge, die sich erst im Rückblick als wesentliche Wegmarken identifizieren lassen. Das heißt nicht, dass es keine Gegentendenzen gab – hierfür bietet der Brexit nur das naheliegendste Beispiel. Aber auch der Austritt des Vereinigten Königreichs hat weitere Schritte in Richtung vertiefter Kooperation nicht verhindert. Davon abgesehen finden sich Phasen, in denen das Geplante oder Vorhandene stärker formalisiert wurde, wie in den 1950er Jahren und der Zeit ab dem massiven Integrationsschub Mitte der 1980er Jahre, als das Krisennarrativ etwas in den Hintergrund trat. Das wachsende Gewicht europäischer Einigung vor allem in den letzten vier Dekaden erklärt übrigens auch, warum die jüngere Vergangenheit in diesem Buch mehr Raum erhält als die ältere Vorgeschichte – längere Linien sind notwendig, um Muster zu erkennen. Zugleich ist es in erster Linie die gegenwärtige Bedeutung, die dem Gegenstand sein historisches Gewicht verleiht; die Geschichte lehrt vor allem, wie *unwahrscheinlich* der heutige Stellenwert der EU ist.

Bedeutungsgewinn übersetzte sich in all diesen Phasen fast schon automatisch in neuen Problemdruck, vor allem aus zwei Gründen. Zum einen gelang es fast nie, umfassende Lösungen zu finden – komplexe Verhandlungen mit vielen beteiligten Seiten enden eher mit Minimal- als mit Maximallösungen. Ein Einigungsschritt legte so stets weitere nahe. Zum Beispiel eilte man in den rund dreißig Jahren zwischen Einheitlicher Europäischer Akte und Lissabonner Vertrag von einer Vertragsreform zur nächsten, ohne dass der ganz große Wurf je gelang. Oder, als weiteres Beispiel: Die Eurokrise erzwang zusätzliche Maßnahmen, um die Geburtsfehler der gemeinsamen Währung abzufedern. Zumeist waren sich Entscheidungseliten und kritische Öffentlichkeit bereits früh des unvollständigen Charakters der Übereinkünfte bewusst. Aber schon in der Phase, in der lediglich sechs Regierungen miteinander verhandelten, ließen sich nur selten wirklich erschöpfende Einigungen erzielen. Als noch unendlich viel schwieriger erweist sich dies in der Gegenwart, in der die zentrifugalen Kräfte auf allen Ebenen so viel gewichtiger geworden sind.

Zum anderen baute sich immer mehr Problemdruck durch die verzwickte Frage auf, wie die jeweiligen neuen Schritte zu legitimieren seien. Das Recht spielte in der europäischen Integration eine tragende Rolle, und an formellen Beschlüssen, Verordnungen und Richtlinien mangelte es nie. Deutlich schwieriger war es dagegen, Akzeptanz und Unterstützung bei Bürgerinnen und Bürgern zu finden sowie tragfähige Mechanismen von Kontrolle, Partizipation und Transparenz in das Institutionengefüge einzubauen. Diese Herausforderung ist heute noch viel größer als in der Vergangenheit, da die gegenwärtige EU über so dramatisch mehr Einfluss auf die Gesellschaften der Mitgliedstaaten (und darüber hinaus) verfügt als in früheren Jahrzehnten. Checks and Balances sowie Beteiligung sind zwar wünschenswert, reduzieren aber zugleich die Fähigkeit, rasch und flexibel zu handeln. Dieses Problem ist nicht für die EU spezifisch, sondern es findet sich bei jeder politischen Ordnung. Beim Projekt Europa stellt es sich jedoch mit besonderer Dringlichkeit und wird durch die Tendenz zur differenzierten Integration – wenn sich also nicht alle Mitgliedstaaten an allen konkreten Projekten beteiligen – nur noch vergrößert.

Der anhaltende Problemdruck, der den Einigungsprozess charakterisiert, verweist zugleich auf ein Paradox: Gerade dass die EU im Modus wahrgenommener oder tatsächlicher Krisen entstanden und vorangeschritten ist, hat sie erstaunlich widerstandsfähig und robust gemacht. Das hat inhaltliche, organisatorische, prozedurale und politische Gründe. Inhaltlich erklärt sich dies daraus, dass Krisen häufig nicht nur Herausforderungen europäischer Einheit waren, sondern auch andere Formen des Regierens und Verwaltens massiv in Frage stellten – sei es die Nationalstaaten oder etwa andere übernationale Foren wie die Vereinten Nationen oder den Europarat. Nationale Alleingänge erwiesen sich dabei immer wieder als unbefriedigend und ähnliches galt für die Option, sich der Sache über zivilgesellschaftliches Engagement oder andere internationale Mechanismen anzunehmen. Regelmäßig wurden Lösungsansätze deswegen auf zahlreichen Ebenen gleichzeitig diskutiert. Der spezifische Zugang der europäischen Integration – einer besonders engen Form überstaatlicher Kooperation auf regionaler Ebene mit supranationalen Anteilen, einem besonders verbindlichen Rechtsrahmen und einer ökonomischen Logik unterfüttert mit substantiellen eigenen Finanzmitteln – erwies sich dabei erstaunlich oft als der tragfähigste Ansatz. Aus Brüsseler Perspektive mochte man sich manchmal an Churchills altes Sprichwort erinnert fühlen, laut dem die amerikanische Regierung stets das Richtige täte – aber erst, nachdem sie alle anderen Optionen ausprobiert habe. Keineswegs durchgängig, aber doch überraschend viele Male verhielten sich die am Einigungsprozess beteiligten Seiten ähnlich.

Auf organisatorischer Ebene spielte der Matthäus-Effekt eine Rolle, wonach demjenigen gegeben wird, der bereits hat. Denn im *acquis communautaire* sowie dem institutionellen Arrangement der heutigen EU und ihrer Vorläuferinnen haben sich viele Schichten von Interessen und Kompromissen der beteiligten Seiten abgesetzt. Solche vorherigen Entscheidungen und die daran hängenden Interessen und Werte entfalten nicht nur enorme Bindekraft, sondern auch einen gewissen Sog. Wer heute bei einem Kompromiss zu kurz kommt, wird morgen einen Vorschlag machen, der die eigene Seite besser dastehen lässt. Aufgrund ihres beeindruckenden Budgets ist die Option Europa besonders für all jene interessant, die vom gemeinsamen Haushalt profitieren – seien es einzelne Mitgliedstaaten, Wirtschaftszweige wie die Landwirtschaft oder zivilgesellschaftliche Gruppierungen. Zugleich wäre dieses Paket ganz oder auch nur teilweise aufzuschnüren mit enormen Risiken verbunden. Nichts hat dies in den letzten Jahren klarer vor Augen geführt als der überaus komplizierte und langwierige Weg des Vereinigten Königreichs, nach dem entsprechenden Referendum den Brexit tatsächlich zu vollziehen. Denn wie auch immer es künftig um das Verhältnis zwischen der EU und diesem Nachbarstaat bestellt sein wird, eines steht fest: Ein schneller, endgültiger Schnitt erweist sich als unmöglich; stattdessen entstand eine dauerhaft schwärende Wunde. Die Probleme sind dabei jedoch auf britischer Seite deutlich größer als auf jener der EU. All dies unterstreicht die Widerstandsfähigkeit des Einigungsprozesses in seinen organisatorischen Anteilen.

Auch prozedural ist die EU enorm robust, da sie einerseits das Vorhandene juristisch sehr gut absichert, sich aber zugleich als wandelbar genug erwiesen hat, um sich stets neuen Konstellationen anzupassen. In manchen Fragen lud der rechtliche Rahmen direkt zur dynamischen Weiterentwicklung ein, und besonders der EuGH wusste dies immer wieder zu nutzen. Zudem sind mit Europäischer Kommission und Europäischem Parlament im institutionellen Kosmos zwei weitere Einrichtungen vorhanden, die regelmäßig und lautstark für Vertiefung werben – zuletzt etwa bezüglich eines Green New Deal angesichts der Klimakrise. Ein weiteres Beispiel für einen Ansatz mit längerem diskursiven Vorlauf, der im Moment der Krise rasch Realität wurde, bietet das riesige Konjunkturpaket zum Kampf gegen die Folgen der COVID-19-Pandemie. Für die EU übersetzte sich hier eine globale Krise in einen drastischen institutionellen Bedeutungszuwachs. Solche großen Integrationsschritte sind zugleich nur möglich, weil sich die verschiedenen politischen Ebenen innerhalb der Europäischen Union vor allem seit den 1980er Jahren miteinander verbunden haben – kein zweiter Prozess hat den Nationalstaat in friedlicher und rechtsförmiger Weise so sehr in eine postklassische Richtung bewegt und auf verschiedenen Ebenen verflochten wie die europäische Einigung.

Politisch schließlich bildeten binnengesellschaftliche und globale Prozesse Anreize zugunsten europäischer Einigung. Vor allem in Gesellschaften, die im blutigen 20. Jahrhundert Diktaturerfahrungen gemacht hatten, war europäische Einigung eng mit der Friedensidee verknüpft. Selbst recht technische und kleine Entscheidungen ließen sich so als Beitrag zu einer besseren, friedlichen Zukunft rechtfertigen. In den Entscheidungseliten gab es zudem immer wieder den Konsens, dass notwendige, aber unliebsame Reformen im Inneren nur dann auf hinreichende Akzeptanz stoßen würden, wenn sie von außen kämen. Im Italienischen gibt es dafür eigens den Begriff des «vincolo esterno»; tatsächlich spielte diese Denkfigur auch andernorts wiederholt eine wichtige Rolle. Für die nationale Politik hatte dies den angenehmen Nebeneffekt, dass sich mögliche Erfolge als eigene Leistungen verbuchen lassen konnten, während man im Fall von Problemen Brüssel als Buhmann hatte. Parallel dazu verwandelte sich Druck durch weltpolitische Spannungen und Bedrohungen mehrmalig in Anreize engerer Kooperation – egal, ob es um Abgrenzung gegenüber dem Ostblock, die Suezkrise oder etwa die Politik von Donald Trump ging. Geteilte Angst verbindet mindestens so sehr wie die Hoffnung auf eine gemeinsame, bessere Zukunft, und insofern machten gerade Krisen gegenseitige Zugeständnisse akzeptabler.

Das heißt natürlich nicht, dass der Einigungsprozess ein Selbstläufer ist. Je bedeutsamer die EU wurde, desto strittiger wurde sie zugleich. Die Kritik an jener Art überstaatlicher Kooperation, für die das vereinte Europa steht, hat besonders in den letzten zwei Dekaden global immens an Einfluss gewonnen; Illiberalismus und Nationalismus bilden in diesem Zusammenhang lediglich die beiden wichtigsten Stichworte. Zugleich haben gerade die großen Krisen viele Menschen vermehrt dazu gebracht, grundsätzlich über Handlungsalternativen und Prioritäten nachzudenken. Solche Debatten brachten nicht nur Skepsis und Kritik an der EU zu Tage, sondern auch viel Unterstützung. Auf grundsätzlicherer Ebene gilt zudem: Streit ist ein unverzichtbarer Bestandteil von Politik in demokratischen Ordnungen, und angesichts der Bedeutung der EU wäre nichts weniger am Platze als eine Sehnsucht nach Stille und Harmonie. Es bedürfte vielmehr reiferer Formen, um Streit zu organisieren und Lösungen zu finden. Das gilt umso mehr, da man über manche Fragen deutlich zu wenig gerungen hat, wie etwa die schnelle Entscheidung zugunsten des beispiellos großen Hilfspakets angesichts der Corona-Krise – eine Leerstelle, die dem Einigungsprojekt mittelfristig sehr wohl schaden kann.

Dass Integration kein Selbstläufer ist, zeigt sich auch anderswo. Wiewohl es mit Algerien und Grönland frühere Fälle des Ausstiegs aus dem Projekt Europa gibt, hat spätestens der Brexit verdeutlicht, dass europäische Einigung umkehrbar ist. Mit dem gestiegenen Einsatz hat auch die Zahl der Zerreißproben zugenommen. Und je höher der Anspruch der EU, zur Klärung wesentlicher weltpolitischer Fragen wie den Herausforderungen durch die Klimakrise, durch globale Migration oder ein fragiles finanzkapitalistisches System beizutragen und für gemeinsame Werte zu stehen, desto größer ist die Gefahr des Scheiterns und von Enttäuschungen. Das gilt umso mehr, da die Zeit großer Europa-Euphorie bei den meisten Menschen vorüber ist. Allerdings verschließt dies nicht nur Möglichkeiten, sondern eröffnet auch neue. Statt Grundsatzdebatten, etwa um das Endziel des Einigungsprozesses, geht es heute eher um Pragmatismus; um Augenmaß statt um Utopie, zugleich um Mut und Geduld, einen inneren Kompass und Flexibilität. Das heißt auch, sich überkommener Floskeln und Denkweisen zu entledigen und die EU als jene neuartige Hybridform zwischen traditioneller nationaler Staatlichkeit und europäischem Bundesstaat zu verstehen, die sie längst ist: eine *Demoi-kratie* (Kalypso Nicolaidis), in der Staats- und Unionsbürgerschaft miteinander verzahnt sind und in der tragende Prinzipien wie Rechts- und Sozialstaatlichkeit weiterhin primär im nationalen Rahmen garantiert werden.

Die EU unserer Tage ist nicht nur systemisch so relevant wie nie zuvor. Sie ist zugleich anfälliger für eine Fundamentalkrise. Die mannigfaltigen Herausforderungen hat sie nicht nur bewältigen, sondern häufig für sich produktiv wenden können, weil diese einzeln auftraten, oder es jeweils gelang, parallel auftretende Krisenphänomene in voneinander getrennte Problemherde zu isolieren. Eine Fundamentalkrise droht vor allem, falls mehrere gravierende Herausforderungen gleichzeitig auftreten sollten – wenn etwa Austrittsbewegungen, ökonomische Verwerfungen, die Aushöhlung des gemeinsamen Rechts und militärische Konflikte unauflöslich verbunden wären. Aber selbst dann wäre wahrscheinlich, dass sich ein Kern von Staaten sofort in einer der EU verwandten Form wieder zusammenschließen würde – zu hoch erschiene der Preis ausbleibender Kooperation.

Zugleich bietet der Status quo keinerlei Grund zur Selbstzufriedenheit. Manche meinen, dass die EU in den letzten eineinhalb Dekaden ein Größenwahn gepackt habe, der sich nun räche. Dagegen lässt sich einwenden, dass ein künftiger Niedergang keineswegs ausgemacht ist. Andere argumentieren, dass sie endlich in der Realpolitik angekommen sei und sich den wirklich großen Fragen stelle und zugleich zu improvisierten, genuin politischen Entscheidungen komme, anstatt langsam, konsensorientiert und durch ein enges Korsett von Regeln geleitet zu agieren. Tatsächlich ist die EU anderen, «normalen» politischen Akteuren ähnlicher, als sie es lange behauptet hat, und sie täte gut daran, dass selbst auch so zu sehen und entsprechend zu kommunizieren.

Ein solcher Neuansatz ist nicht nur im Innern der Union notwendig, sondern mehr noch angesichts einer immer unübersichtlicheren, gefährlicheren Welt, die ein Mehr und nicht ein Weniger an gemeinsamen Lösungen braucht – egal, ob es um

Klima, Migration, Soziales, Wirtschaft oder Werte geht. In einen Kokon anderer Institutionen und Regelwerke eingebunden konnte sich das Projekt Europa lange auf sich selbst konzentrieren. Diese sichernde Hülle ist schon lange zerbrochen, was zu erklären hilft, warum sich die EU zunehmend in ein Sicherungsprojekt gewandelt hat. Entscheidend wird sein, ob es gelingt, dabei nicht nur das Geschaffene abzusichern und zu bewahren, sondern darüber hinaus stärker als bisher als gestaltende Kraft in der Welt zu wirken.

## Dank

Für konstruktive und hilfreiche Kritik zum Manuskript gilt mein Dank meinem Münchner Team, vor allem Lisbeth Matzer und Thomas Süsler-Rohringer, sowie Marion Mertl; ferner als studentischen Hilfskräften Clara Ebert, Jonathan Holst und Frieda Ottmann. Außerdem danke ich für Anregungen und Hinweise Meredith Dale und Berthold Rittberger sowie beim Verlag C.H.Beck Sebastian Ullrich für die wunderbar eingespielte Zusammenarbeit.

## Chronologie

Eine laufend ergänzte Chronologie zum Thema findet sich auf der Website www.chbeck.de/europaeische-integration.

# Literatur


## Gesamtdarstellungen

Eichengreen, Barry, *The European Economy since 1945: Coordinated Capitalism and Beyond* (Princeton: Princeton University Press, 2007).

Gehler, Michael, *Europa. Ideen – Institutionen – Vereinigung – Zusammenhalt* (Reinbek: Lau, 2018).

Gilbert, Mark, *European Integration: A Political History*, 2. Aufl. (Lanham: Rowman & Littlefield, 2020).

Jarausch, Konrad H., *Embattled Europe: A Progressive Alternative* (Princeton: Princeton University Press, 2021).

Loth, Wilfried, *Europas Einigung. Eine unvollendete Geschichte*, 2. Aufl. (Frankfurt/Main: Campus, 2020).

Patel, Kiran Klaus, *Projekt Europa. Eine kritische Geschichte* (München: C.H.Beck, 2018).

Thiemeyer, Guido, *Europäische Integration. Motive – Prozesse – Strukturen* (Köln: Böhlau, 2010).

## Geschichte europäischer Kooperation bis 1950

Durchhardt, Heinz u.a. (Hrsg.), *Option Europa. Deutsche, polnische und ungarische Europapläne des 19. und 20. Jahrhunderts*, 3 Bde. (Göttingen: Vandenhoeck & Ruprecht, 2005).

Lipgens, Walter (Hrsg.), *Documents on the History of European Integration*, 4 Bde. (Berlin: Walter de Gruyter, 1985–1991).

Niess, Frank, *Die europäische Idee – aus dem Geist des Widerstands* (Frankfurt/Main: Suhrkamp, 2001).

Schmale, Wolfgang, *Geschichte Europas* (Wien: Böhlau, 2001).

Stråth, Bo, *Europe's Utopias of Peace: 1815, 1919, 1951* (London: Bloomsbury, 2016).

## Zeitalter des Kalten Krieges

Deighton, Anne und Alan S. Milward (Hrsg.), *Widening, Deepening and Acceleration: The European Economic Community, 1957–1963* (Baden-Baden: Nomos, 1999).

Gehler, Michael und Wilfried Loth (Hrsg.), *Reshaping Europe: Towards a Political, Economic and Monetary Union, 1984–1989* (Baden-Baden: Nomos, 2020).

Hansen, Peo und Stefan Jonsson, *Eurafrica: The Untold History of European Integration and Colonialism* (London: Bloomsbury, 2015).

Hiepel, Claudia (Hrsg.), *Europe in a Globalising World: Global Challenges and European Responses in the «Long» 1970s* (Baden-Baden: Nomos, 2014).

Judt, Tony, *Geschichte Europas von 1945 bis zur Gegenwart* (München: Hanser, 2005).

Kaelble, Hartmut, *Der verkannte Bürger. Eine andere Geschichte der europäischen Integration seit 1950* (Frankfurt: Campus, 2019).

Kaelble, Hartmut, *Sozialgeschichte Europas. 1945 bis zur Gegenwart* (München: C.H.Beck, 2007).

Laursen, Johnny (Hrsg.), *The Institutions and Dynamics of the European Community, 1973–83* (Baden-Baden: Nomos, 2014).

Loth, Wilfried (Hrsg.), *Crises and Compromises: The European Project 1963–1969* (Baden-Baden: Nomos, 2001).

Milward, Alan S., *The European Rescue of the Nation-State*, 2. Aufl. (London: Routledge, 2000).

Trausch, Gilbert (Hrsg.), *Die Europäische Integration vom Schuman-Plan bis zu den Verträgen von Rom* (Baden-Baden: Nomos, 1993).

Van der Harst, Jan (Hrsg.), *Beyond the Customs Union: The European Community's Quest for Deepening, Widening and Completion 1968–1975* (Baden-Baden: Nomos, 2008).

Van Middelaar, Luuk, *Vom Kontinent zur Union. Geschichte und Gegenwart des vereinten Europa* (Berlin: Suhrkamp, 2016).

### Europäische Einigung seit Ende des Kalten Kriegs und dem Maastrichter Vertrag

Brunnermeier, Markus K., Harold James und Jean-Pierre Landau, *The Euro and the Battle of Ideas* (Princeton: Princeton University Press, 2016).

Coman, Ramona, Amadine Crespy und Vivien A. Schmidt (Hrsg.), *Governance and Politics in the Post-Crisis European Union* (Cambridge: Cambridge University Press, 2020).

Rittberger, Berthold, *Die Europäische Union. Politik, Institutionen, Krisen* (München: C.H.Beck, 2021).

Ther, Philipp, *Das andere Ende der Geschichte. Über die Große Transformation* (Berlin: Suhrkamp, 2019).

Ther, Philipp, *Die neue Ordnung auf dem alten Kontinent. Eine Geschichte des neoliberalen Europa* (Berlin: Suhrkamp, 2014).

Van Middelaar, Luuk, *Alarums and Excursions: Improvising Politics on the European Stage* (New York: Columbia University Press, 2020).

Winkler, Heinrich August, *Zerbricht der Westen? Über die gegenwärtige Krise in Europa und Amerika* (München: C.H.Beck, 2017).

Wirsching, Andreas, *Der Preis der Freiheit. Geschichte Europas in unserer Zeit* (München: C.H.Beck, 2012).

## Abkürzungsverzeichnis

| | |
|---|---|
| ASEAN | Verband Südostasiatischer Nationen |
| EEA | Einheitliche Europäische Akte |
| EFTA | Europäische Freihandelszone |
| EG | Europäische Gemeinschaft |
| EGKS | Europäische Gemeinschaft für Kohle und Stahl |
| ESM | Europäischer Stabilitätsmechanismus |
| EU | Europäische Union |
| EuGH | Europäischer Gerichtshof |
| EVG | Europäische Verteidigungsgemeinschaft |
| EWG | Europäische Wirtschaftsgemeinschaft |
| EWS | Europäisches Währungssystem |
| EZB | Europäische Zentralbank |
| FRONTEX | Europäische Agentur für die Grenz- und Küstenwache |
| GAP | Gemeinsame Agrarpolitik |
| GASP | Gemeinsame Außen- und Sicherheitspolitik |
| GATT | Allgemeines Zoll- und Handelsabkommen |
| KSZE | Konferenz über Sicherheit und Zusammenarbeit in Europa |
| MERCOSUR | Gemeinsamer Südamerikanischer Markt |
| NATO | Nordatlantikpakt-Organisation |
| OECD | Organisation für wirtschaftliche Zusammenarbeit und Entwicklung |
| PiS | Prawo i Sprawiedliwość/Recht und Gerechtigkeit |
| UKIP | United Kingdom Independence Party |
| UNECE | Wirtschaftskommission für Europa der Vereinten Nationen |
| WEU | Westeuropäische Union |